L'HOMME
DU MONDE
ÉCLAIRÉ PAR LES ARTS.

TOME PREMIER.

L'HOMME DU MONDE ÉCLAIRÉ PAR LES ARTS;

PAR M. BLONDEL,

Architecte du Roi, Professeur Royal au Louvre, Membre de l'Académie d'Architecture;

PUBLIÉ PAR M. DE BASTIDE.

TOME PREMIER.

A AMSTERDAM;

Et se trouve à PARIS,

Chez MONORY, Libraire de S. A. S. Monseigneur LE PRINCE DE CONDÉ, rue & vis-à-vis de la Comédie Française.

M. DCC. LXXIV.

ÉPÎTRE

A M. BLONDEL (*).

C'est à mon ami que j'admire,
Au Citoyen fait pour instruire,
A l'Artiste passionné,
Qui ne parle qu'avec empire
De son Art qu'il a raisonné,
Depuis le moment qu'il respire ;
C'est à lui que je veux écrire.
Je dois ce prix à l'amitié :
Heureux qui peut payer des dettes
Où le cœur entre de moitié !
Mon ami, les meilleures têtes
Succomberoient à vos travaux.

(*) Ces vers avoient été préparés avant la mort de M. Blondel, & devoient servir d'Épitre dédicatoire. Il étoit juste de lui dédier son propre Ouvrage. le tombeau ne doit pas lui ravir le fruit de ses travaux, & le prix de ses vertus.

Je ne vis jamais le repos
Dans vos respectables retraites:
Vos cabinets & vos sallons
Retentissent de vos leçons;
Et les discours que vous y faites
A ce peuple de nourrissons,
Recommencent dans la semaine,
Autant que les jours des saisons.
Je sais que vous parlez sans peine;
Vous parlez comme vous pensez;
Mais tant de discours prononcés
Forment cependant une chaîne:
Dans quel temps les préparez-vous?
« Tandis que l'Univers repose.
» Le zele veille : il est bien doux
» D'atteindre au but qu'on se propose,
» Et de surprendre les jaloux
» Par les vertus que l'on s'impose ».
Mais ces volumes, ces écrits,
Enfants du goût & du génie,
Où cent préceptes établis,
La critique la plus polie,
Et des exemples infinis,
Tiendroient lieu d'une Académie,
Par les secours du plus grand prix,
Quels moments avez-vous choisis
Pour les consacrer à la gloire,
Ou plutôt à l'humanité?
« Mon ami, j'ai peu de mémoire,

» Et beaucoup moins de vanité.
» Si ce travail fut honorable,
» Je m'applaudis de l'avoir fait;
» Chaque fois que j'en vois l'effet,
» J'éprouve un charme inexprimable;
» C'est moi qui jouit du bienfait ».
Homme modeste! homme admirable!
Je ne vous interroge plus:
Mon motif étoit respectable:
En louant vos travaux connus,
Par un détour inévitable,
Je payois autant de tributs
A votre zele infatigable:
On ne trompe point les vertus.
Permettez du moins que j'admire
Et ces vertus, & vos talents;
Souffrez que le don de prédire,
Qui devient un de vos présents,
Dans cet Ecrit philosophique,
Unisse un ton patriotique
A l'estime de vos penchants.
Vous donnez à l'Architecture
Des amis & des protecteurs.
Malgré ces hommes créateurs
Qui devinerent la nature,
Et qui par des dons enchanteurs,
Depuis le portique d'un Temple
Jusqu'au Palais des plus grands Rois,
Surent faire adopter pour loix,

Et leur maxime, & leur exemple;
Malgré ces hommes reſpectés,
Votre Art, que la pompe environne,
Qui me ravit & qui m'étonne,
Qui laiſſe même à ſes côtés
Beaucoup d'Arts, juſtement vantés,
N'auroit eu qu'un regne ſtérile,
Sans vos efforts ſi répétés.
Plus d'un terrein riche & fertile
Offre des fruits trop peu goûtés.
C'eſt la mode qui nous décide :
Nous ſommes ſots, malgré l'eſprit.
Un Art que la raiſon préſide,
Que, ſur tout, l'utilité ſuit,
Touche bien peu la multitude
A qui la frivolité plaît;
Et dès-lors une froide étude
Ne peut plus offrir nul attrait.
Cependant, à cet Art ſublime,
Mille monuments plus pompeux
Devoient aſſurer une eſtime
Encor plus éclatante qu'eux.
On l'eſtimoit : mais quelle gloire !
Le néant vaut peut-être mieux.
Enfin, il obtient la victoire :
Par vos diſcours ingénieux,
Par vos efforts induſtrieux,
Le goût eſt devenu le maître :
Vous nous contraignez à connoître

Ses trésors, ses loix, ses bienfaits,
Ses ressources inépuisables,
Sa fécondité, ses attraits,
Et ses rapports indisputables,
Avec des Arts inestimables
Qu'il enrichit par ses progrès.
La science, les Belles-Lettres,
Le goût, l'esprit, le sentiment,
Sont des sources où les grands Maîtres
Peuvent puiser abondamment.
Vos Écrits en sont une preuve,
Et vos travaux le prouvent mieux.
Cette vérité paroît neuve?
Vous la démontrez à nos yeux. (*)
Elle existoit, mais l'ignorance
Ne la laissoit pas soupçonner;
Il eût fallu la deviner,
Sans vos soins & votre éloquence.
Elle avoit frappé vos rivaux;
Plusieurs en ont fait leur maxime,
Et sont parvenus au sublime,
En la consultant à propos:
Mais sans vos leçons généreuses,
Sans vos veilles laborieuses,
Elle restoit dans le cahos

(*) Discours sur l'utilité de joindre à l'étude de l'Architecture celle des Sciences & des Arts qui lui sont relatifs.

Pour mille têtes pareſſeuſes,
Peu faites pour conjecturer.
Vous daignâtes nous éclairer,
Et rendre vos leçons aimables.
Il falloit un cœur enflammé,
Des richeſſes inépuiſables,
Et des dons peut-être incroyables,
Pour ne pas être conſumé
Par des efforts inimitables.
Vous aviez tout. De vos bienfaits
Nous avons ſenti l'importance;
L'Architecture eſt pour jamais
Un Art précieux à la France;
Tous les États, par préférence,
Veulent l'apprendre déſormais.
L'économie & l'opulence
La conſultent également:
On a ſenti la différence
D'être inſtruit, ou d'être ignorant
Dans un point de cette importance.
Cette ardeur eſt un monument
De votre noble bienſaiſance;
Elle ſera certainement
Votre premiere récompenſe;
Car vous penſez très-noblement.
Déjà je vois dans ma Patrie,
Plus d'un Edifice pompeux;
La magnificence s'allie
Avec la ſimplicité chérie,

Et les tons les plus gracieux.
On trouve le séjour des Dieux
Où l'on trouvoit la barbarie
Avant des moments plus heureux ;
L'Etranger sensé nous envie
Ces fruits de vos soins glorieux.
Le plaisir, la galanterie,
La volupté, le tendre Amour,
Enrichis par votre génie,
Seront plus brillants chaque jour :
Le mystere aura des asyles
Qui multiplieront les plaisirs.
Le monde a des beautés tranquilles :
Pour leur inspirer des desirs,
Il faut le charme des prestiges ;
Les boudoirs seront des prodiges.
Secondé par un Art vainqueur,
L'Amour vous devra la victoire,
Lorsqu'il verra briller sa gloire
Dans quelque réduit enchanteur.
De la main qui para son trône
Il appréciera le bienfait ;
Et pour vous, des fruits de l'automne
Il saura former un bouquet.
Pour moi, qui chaque jour raisonne
Sur votre inestimable ardeur,
Moi qui l'admire, & qu'elle étonne,
Même en connoissant votre cœur,
J'aurai grand soin de vous entendre,

De vous voir après vos leçons ;
D'y mêler quelque propos tendre,
De l'égayer par des chansons.
Mon ami, la gaieté délasse :
Il faut le plaisir des propos,
La naïveté, les bons mots,
Des contes rendus avec grace,
Des souvenirs, des madrigaux,
Pour effacer la noble trace
Qu'impriment les nobles travaux.
Vous possédez ce genre aimable ;
Vous l'ennoblissez quelquefois ;
Votre commerce incomparable
A tout l'attrait des douces loix.
Soyez toujours inimitable,
toujours gai, toujours studieux,
Toujours grand, toujours généreux ;
Et que notre amitié durable
Soit l'éloge de tous les deux.

PRÉFACE.

JAMAIS on n'aima tant à lire ; on a même quelqu'envie de s'éclairer en lisant : mais les livres ont toute l'imperfection, & toute la bizarrerie des esprits. La métaphysique, la satyre & l'audace littéraire procurent une gloire qui enivre ceux même qui lisent.

L'amour n'est plus qu'une obscénité publique. Les romans qui ne sont que libres amusent à peine l'imagination : la dépravation des mœurs ne laiſſe plus goûter que ce qui la caractériſe.

Les Arts n'ont plus de vrais principes. Le ſuccès eſt le prix du délire, de l'intrigue & de la témérité. Le goût dans les amateurs, a le défaut du deſpotiſme. Ceux qui créent ſont des enthouſiaſtes; ceux qui jugent ſont des tyrans.

Il eſt donc ridicule de vouloir inſtruire? Si l'on répondoit à cette queſtion, d'après l'état des choſes, il faudroit trembler. Heureuſement l'eſprit humain eſt inconſtant; ſa légéreté laiſſe quelque reſſource.

Voici un ouvrage honnête &

utile. C'eſt un homme de qualité uni, par le goût, à une femme charmante, du même rang. L'amour attend l'hymen ; & dans cet eſpoir, l'eſprit eſt occupé à perfectionner l'art de plaire. Cet art qu'on définit communément comme l'on veut, eſt ſoumis ici à des regles certaines. Le Comte a les connoiſſances les plus étendues ; la Comteſſe eſt avide de ces connoiſſances. L'abſence favoriſe l'inſtruction. Une correſpondance réglée unit les idées ſolides aux ſentiments tendres. La reconnoiſſance des leçons & le plaiſir des bienfaits préparent le bonheur.

Les Beaux-Arts ſont l'objet eſſentiel de cette correſpondance. Les préſents qu'ils ont faits à la nation, y ſont appréciés ; les défauts qui balancent leur gloire dans quelques ouvrages, y ſont jugés de même. La vérité y prononce toujours : elle remonte ſouvent juſqu'au principe des erreurs. Elle oſe alors s'exprimer comme la critique. Des erreurs ſont des maladies. Un remede ne dépoſe pas contre la main qui l'applique, lorſqu'il eſt néceſſaire.

On oſe dire que la nation eſt intéreſſée au ſuccès de cet ouvrage. On l'enrichit, en lui faiſant connoître ſes richeſſes ; on l'oblige, en fixant ſes idées. Combien de chef-d'œuvres n'ont jamais été ſoupçonnés par la multitude ! Combien d'ouvrages de l'art ont trompé la curioſité en ſurprenant l'admiration ! Rendre ſenſible ce qui doit être eſtimé ; réduire à ſa réalité ce qui a pu uſurper l'eſtime ; exciter l'ind lence des gens du monde, en leur offrant les avantages de l'inſtruction, ſans exiger les peines de l'étude ; fournir aux femmes le prétexte d'une application, en paroiſſant leur offrir un amuſement ; les mettre à portée de s'acquitter envers les Beaux-Arts, en leur faiſant faire connoiſſance avec eux; les engager à donner un exemple utile en autoriſant les hommes à leur apporter le fruit de leurs réflexions. Tel eſt le but qu'on ſe propoſe. Ne ſera-t-il pas jugé par l'envie, & méconnu par la frivolité? L'on ſait ce que l'on doit craindre; on a l'honnêteté d'eſpérer.

AVIS DE L'ÉDITEUR.

Feu M. Blondel, Architecte du Roi, & Professeur Royal d'Architecture au Louvre, se distingua par une capacité & un zele aussi rares que respectables. Personne n'ignore de quelle utilité furent, pendant trente ans, ses leçons particulieres & publiques, & de quel prix seront à jamais ses ouvrages. Cet Artiste, vraiment citoyen, animé d'un zele toujours nouveau, conçut, il y a deux ans, le projet de rendre ses connoissances particuliérement utiles aux gens du monde. Il voyoit, tous les ans, des millions honteusement employés au triomphe du mauvais goût, par l'exécution des plans les moins corrects, souvent les plus bizarres. Il espéra que des observations qui seroient autant d'avis pour les personnes qui exécutent, & pour celles qui font bâtir, soit à la ville, soit à la campagne, pourroient insensiblement produire la révolution des idées, & la perfection de l'Art. Il me confia le plan qu'il vouloit suivre, & il exigea que je lui prouvasse une amitié de vingt ans, par une association avec lui pour l'exécution de son projet. J'avoue que je balançai long-temps à me rendre; je voyois bien des difficultés, dont la plus grande, sans doute, étoit dans la médiocrité de mes talents. Ma défiance étoit fondée; je crains de ne l'avoir que trop prouvé. M. BLONDEL *avoit encore un objet à traiter, lorsque la mort le surprit, il y a trois mois (celui de la Sculpture) M.* COCHIN, *qu'il suffit de nommer, a bien voulu se charger de cet article.*

ERRATA.

ERRATA.

Il est absolument nécessaire que le Lecteur daigne y recourir, & qu'il supplée même à des corrections qui peuvent avoir été omises, ou négligées par les Compositeurs.

PAGE 23, ligne 10 *auroit*, lisez *avoit.*

Pag. 30, lig. 13, *souffris*, lis. *souffrois.*

Pag. 31, lig. 2, *importante*, lis. *imposante.*

Pag. 39, lig. 3, *inébranlable*, *décisifs*, lis. *innombrable*, *d'oisifs.*

Pag. 40, lig. 17, *écrire*, lis. *croire.*

Pag. 51, lig. 8, *de Vouët*, lis. *des mains de Vouët.*

Pag. 53, lig. 2, *foiblement*, lis. *suffisamment.*

Pag. 56, vers 20, *croit*, lis. *voit.*

Pag. 57, vers 20, *enchantent* lis. *enchante.*

Pag. 59, vers 16, *brillants*, lis. *brillantes.*

Pag. 61, lig. 10, *ces*, lis. *vos.*

Pag. 63, lig. 14, *mes soins ont-ils*, lis. *mes soins vous ont-ils.*

Pag. 65, lig. 10, *voudra*, lis. *faudra.*

Pag. 79, lig. 3, *procureroit*, lis. *procuroit.*

Pag. 82, lig. 19, *s'écoule*, lis. *s'écoulent.*

*

Pag. 85, lig. 3, *denier*, lis. *dénigrer.*

Pag. 92, lig. 6, *vraisemblance*, lis. *ressemblance.*

Pag. 101, lig. 4, *le*, lis. *ce.*

Pag. 105, lig. 1, *le Pantre*, lis. *le Pautre.*

Pag. 109, lig. 19, *la premiere, belle*, lis. *la premiere, & la plus belle.*

Pag. 119, lig. 8, *m'avez*, lis. *m'aurez.*

Pag. 126, lig. 7, *écouté*, lis. *écoutée.*

Pag. 80, lig. 16. du Tome second, *Walin*, lis. *Wateni.*

L'HOMME DU MONDE ÉCLAIRÉ PAR LES ARTS.

PREMIERE LETTRE

Du Comte de Saleran, à la Comtesse de Vaujeu.

OUI, nos entretiens, que je regrette, eurent un charme délicieux pour moi. En avouant que vous êtes convaincue de cette vérité, vous m'accordez un prix bien flatteur, non de mes ſoins, ils étoient des plaiſirs, mais de mes connoiſſances. Elles ſeront toujours plus bornées que leur effet, puisqu'elles ont pu vous intéresser. Que j'aime à vous voir persuadée de la sincérité de mes regrets! que le dédommagement que vous m'offrez est nécessaire à mon cœur! que je me trouve seul, depuis que je n'ai plus le bonheur d'entendre ces louanges qui me faisoient juger de votre goût & de votre amour pour les Arts! rarement en parlant à la beauté, on parle au sentiment. Les jolies femmes sont fort distraites par le desir de plaire; leur esprit est presque tout occupé des objets de leur gloire; & leur gloire est communément assez frivole. Combien d'hommes ont le malheur de leur ressembler! Je ne suis point pédant; vous le savez: j'ai formé mon goût en étudiant le génie dans ses productions; je sens tout le prix de ce que je possede, sans m'enorgueillir de la supériorité que la balance me donne. Mais il ne dépend pas de moi d'être spectateur tranquille de l'indifférence barbare qui tous les jours outrage tant de chef-d'œuvres dans ceux même qui les possedent. J'ai vu souvent l'ennui au sein des Beaux-Arts ; ils ne parlent véritablement aux sens que lorsque l'esprit est en état de les juger. Delà, l'indifférence pour tant de productions ingénieuses que l'orgueil répand dans mille maisons ; delà, l'ennui au milieu de tant de richesses dont la seule idée est un plaisir pour l'homme éclairé. Vous plaignez tant de gens volontairement stupides, & sottement orgueilleux ? Vous cherchez à vous faire une existence aussi douce que les plaisirs, & aussi étendue que le génie ?... je serai enchanté de vous consacrer, non les moments dont mes travaux me laisseront disposer, mais tous les moments de ma vie. Vous vous exprimez sur cela en termes trop modestes & trop positifs. N'ai-je donc à vous offrir que ce que vous êtes disposée à accepter ?

LETTRE II

De la Comtesse de Vaujeu, au Comte de Saleran.

JE n'ai guere que le mérite de sentir; mais je suis assez contente de moi à cet égard. Si je vaux quelque chose, d'ailleurs, je vous le dois. Ma reconnoissance est partagée entre la nature & vous. Votre absence me coûte des leçons dont je sentois tout le prix. Rien ne tient lieu d'un maître qu'on estime. Je jouis de vos regrets, & ne veux pas que vous l'ignoriez. Si cela vous paroît un peu cruel, vous jugerez que je ne vous ai pas encore pardonné votre départ. Vous m'offrez le sacrifice de vos moments? je l'accepte, j'y ai compté; mais j'ai le malheur de ne vous pas croire aussi constant que vous êtes sincere. Au reſte, comme il n'eſt queſtion ici que d'inſtruire, peut-être pourrez-vous tenir parole? Je vous y invite avec un extrême deſir d'être ſatisfaite : je dirois que je vous l'ordonne, ſi je pouvois me réſoudre à parler le langage des jolies femmes.

LETTRE III

Du Comte de Saleran, à la Comteſſe de Vaujeu.

LA délicateſſe de votre réponſe eſt à mes yeux ce que le coloris le plus doux eſt aux yeux des Peintres. Votre raiſon eſt aimable comme votre eſprit, & intéreſſante comme votre ame. Qu'il m'eſt doux de voir tant de qualités unies à tant de graces! Vous préférez l'eſtime à l'empreſſement, les inſtructions aux ſoins, les entretiens aux louanges! Vous immolez toutes les prétentions de la beauté, à des connoiſſances ſans prétention, & à des jouiſſances ſans erreur. Heureux qui voit cette philoſophie eſtimable dans l'objet le plus diſpenſé de raiſonner!...

Dans un billet particulier, vous me demandez compte de l'emploi de mes moments? cet intérêt acheve l'ouvrage de vos charmes. Vous ſavez que je bâtis & que je plante; je crois inutile de vous dire que je ne m'en rapporte pas préciſément à mes lumieres. L'expérience m'apprend tous les jours que les hommes, même les plus habiles dans leur Art, font des fautes. Plein de l'idée délicieuſe de pouvoir, l'année prochaine, vous ſoumettre mes travaux, puis je trop conſulter? l'embelliſſement intérieur exerce ſans ceſſe mon imagination. Je ſerai réſervé ſur tout le reſte. De la ſimplicité, de la commodité; voilà, je crois, le parti qu'il convient de prendre à la campagne, principalement, lorsqu'elle se trouve éloignée de la Capitale. Mais pour les lieux particuliers d'habitation, je saurai, à l'aide des plus habiles Artistes, les embellir, du moins par les formes, autant qu'il sera possible : faisant plus de cas de ce genre de mérite, que du prix de la matiere, que je ne négligerai cependant point.

Permettez-moi de vous demander si vous voyez quelquefois M. P***, avec qui j'ai mangé chez vous? je voudrois qu'il m'adressât un Peintre, dans le genre agréable, digne de marcher sur les traces de Boucher... Depuis la mort de Vassé (1), qui avoit commencé les figures en marbre qui doivent orner ma terrasse, j'ai fait choix de M. le Comte (2), dont vous me parûtes enchantée, l'année derniere, lorsque vous vîtes les ouvrages qu'il avoit exposés au Sallon. Je suis moins embarrassé pour les ornements : jamais il n'y eut tant d'habiles gens en ce genre. J'attends le ſieur Boulanger (3) dont j'ai vu déjà plus d'un chef-d'œuvre.

Adieu, Madame ; je deviens Architecte par raiſon, je le ſerois par choix, ſi vous permettiez qu'on vous bâtît un temple. Je n'aurois qu'à exécuter un plan déjà tracé dans mon cœur, la ſimplicité en feroit le caractere. Je ne voudrois pas riſquer que les agréments de l'Art puſſent diſtraire, un moment, les eſprits ſuperficiels. Vous n'aurez jamais rien à craindre des autres.

LETTRE IV

Du Comte de Saleran, à la Comteſſe de Vaujeu.

VOUS avez la modeſtie de m'offrir comme une ſimple eſquiſſe le tableau le plus vaſte & le plus vrai que la philoſophie ait jamais préſenté à la raiſon ! il donne à votre Lettre l'étendue d'un volume. Quel moraliste pourroit remplir un grand cadre avec plus d'intérêt & de vérité ! Je n'ai dit qu'un mot sur cette espece d'infortunés qui, environnés des richesses du génie, éprouvent toute la fatalité de l'ennui ; & vous m'offrez une galerie dont la ressemblance la plus exacte est le moindre mérite ! Vos réflexions appartiennent à la peinture, autant que vos portraits. Les portraits ne permettent pas de publier la Lettre. Vous donnez un corps à la pensée ; vous effrayez la légéreté, qui, courant après la chimere, se prépare le repos le plus stupide ; vous alarmez ces juges présomptueux, tour-à-tour, connoisseurs mal-instruits, & critiques mal-intentionnés, qui, consumant leur vie à mésestimer tout, & à acquérir tout, préviennent la froideur de la vieillesse par l'inertie de l'ame ; & meurent insensibles & méprisables au sein des Arts qu'ils ont outragés.

J'ai connu tous les plaisirs de l'imagination la plus volage ; vous ne l'ignorez point. Tous les tourbillons ont été, tour-à-tour, les berceaux de ma jeunesse. La galanterie précéda l'amour ; l'amour même ne me sauva pas des séductions de la frivolité, & la frivolité expira dans mon cœur sous les traits de l'ennui. Mais dans l'inconstance, dans l'ennui même, je ne fus jamais insensible aux charmes des Beaux-Arts. Je les avois étudiés par intervalles, j'avois été vrai avec eux ; conséquemment, je les honorois ; & lorsque j'allois me voir réduit à l'humiliante végétation, par l'épuisement des desirs, cette justice que je leur avois rendue ranima les mouvements de mon cœur. Mon esprit s'éleva vers leur sphere brillante, la contemplation fit naître l'ardeur ; l'ardeur excita les transports, l'ame s'élança au séjour des enchantements. Quelle pureté de lumiere ! quel champ de comparaiſons! quelle ſource de voluptés! quel principe d'exiſtence! le cœur que j'avois épuiſé, les ſens que j'avois perdus, tout me fut rendu; & mon printemps éclairé par les feux les plus purs, fut une aurore nouvelle. Les idées que je devois aux Beaux-Arts, en enrichiſſant mon imagination, perfectionnerent ma ſenſibilité. Dans cet état, j'eus le bonheur d'ètre très-utile à une femme qui alloit éprouver les maux dont je venois de guérir. Cette aventure pourroit faire partie de l'hiſtoire des Beaux-Arts.

Je finis, en vous félicitant de votre eſprit qui m'a charmé, & en vous remerciant de vos réflexions qui m'ont inſtruit.

LETTRE V

De la Comtesse de Vaujeu, au Comte de Saleran.

J'AI passé quatre jours à Versailles, & n'ai pu répondre à votre Lettre aussi-tôt que je l'aurois voulu. Il vaut mieux tard que jamais.... Je ne me reconnois point au portrait flatteur que vous faites de moi. Est ce que j'aurois cette grande taille-là? A vous parler vrai, je me vois assez petite, mais point contrefaite... Vous m'intéressez à la femme dont vous me parlez. J'ose croire qu'en vous priant bien sérieusement de me la faire un peu connoître, je n'éprouverai point un refus. S'il faut de la discrétion, recevez ma parole. Vous savez ce qu'elle vaut... Vous avez donc été bien volage, mon cher Comte? Savez-vous que j'ai frémi, lorſque je vous ai vu dans cet état où l'on ne ſent plus rien? Vous avez bien de l'obligation aux Beaux-Arts; auſſi me les rendez-vous plus chers par votre reconnoiſſance. Si jamais j'ai le malheur de me blaſer, je les implorerai comme vous fites; mais je ne trouverai peut-être pas quelqu'un qui veuille m'être *utile* comme vous le fûtes à votre Dame. Songez que je vous ai prié de me faire faire connoiſſance avec elle.

LETTRE VI

Du Comte de Saleran, à la Comteſſe de Vaujeu.

QUEL aimable perſifflage dans votre Lettre! Vous oſez croire votre portrait flatté! vous me devez plus de juſtice; vous avez en moi tant de garants de ma ſincérité! Si mes lumieres vous sont suspectes, mes sentiments, du moins, vous sont connus. Ah ! laissez-moi le plaisir de penser qu'ils vous prouvent votre mérite.

Je vais répondre à vos desirs, puisque vous l'exigez : peut-on vous en connoître sans souhaiter de les remplir ? Je serai vrai sur la femme dont vous voulez que je vous entretienne. Ce sera une maniere de vous honorer, tout-à-fait particuliere. Je la crois plus délicate que la crainte.

J'entendois célébrer tous les jours une femme de vingt-cinq ans, dont la beauté étoit éclatante, & dont la sensibilité étoit connue. Son rang étoit élevé, sa fortune étoit considérable, sa maison étoit le temple des Arts. Elle avoit aimé tendrement deux fois ; la mort lui avoit enlevé le dernier objet qui l'avoit attachée. Depuis ce moment, elle vivoit solitaire, au sein de ces mêmes Arts, qui apparemment consoloient sa douleur, après lui avoir rendu des ſervices plus doux dans le temps des plaiſirs.

Tel étoit le tableau qu'on me traçoit, en me parlant d'Elmire. Je deſirai de lui être préſenté. J'étois jeune, tendre, & fort épris de ces Arts, dont je la croyois idolâtre. Je me ſuppoſai dans ſa maiſon, dans ſes cabinets, à ſes genoux même, lui expliquant les beautés dont elle étoit environnée, & les rendant favorables à mes deſirs, par la volupté de mes applications. Je voyois ſon cœur palpiter, & battre, pour ainſi dire, les heures qui devoient me conduire à la félicité. Pardonnez-moi l'expreſſion.

Le réveil détruiſit un ſonge ſi doux. Lorſque j'eus le bonheur d'être admis chez Elmire, je trouvai une douleur triſte, une ſolitude ſombre, un cœur épuiſé, une imagination nulle. Les magnificences de l'Architecture, de la Peinture, de la Sculpture n'obtenoient pas un regard. L'étonnement me rendit indiſcret, & même téméraire. J'oſai reprocher l'indifférence de toutes ces choſes avec la vérité d'un cœur à qui elles ſe faiſoient ſi bien ſentir. L'aveu que l'on me fit acheva de détruire l'illuſion de mes premiers préjugés. On m'avoua que jamais les yeux n'avoient cherché des expreſſions dans la volupté de ces tableaux; que jamais l'imagination ne s'étoit élevée, ni le cœur ne s'étoit attendri en les conſidérant.

Elmire, dans cet état d'ennui, conſervoit des attraits, mais non ce charme piquant qui naît des paſſions, & qui forme le jeu de la beauté. Ses traits ne pouvoient avoir que leur réalité propre, puiſqu'ils n'empruntoient rien du ſentiment & des idées. On voyoit même la langueur d'une ame qui s'eſt fatiguée à aimer. Mais l'amour vif dont elle avoit été capable me la faiſoit regarder avec intérêt. Un ami des Arts ne peut voir ſans émotion ces monuments

ments qui transſmettent l'idée des grands hommes, ou des grands événements ; & l'ame d'Elmire étoit un monument du tendre Amour. Ce Dieu, touché de mes ſentiments, m'inſpira une reſſource digne de lui. Il y avoit là tout ce que la Fable & l'Hiſtoire ont jamais raſſemblé pour animer un cœur. J'employai tout. J'étois de bonne foi ; j'eus le bonheur de m'emflammer moi-même ; Elmire ſentit tout l'effet de mon invention.

LETTRE VII

Du Comte de Saleran, à la Comteſſe de Vaujeu.

EH, bon Dieu ! quelle vivacité ! comme vous gronderiez, ſi je refuſois de vous ſatisfaire..... Vous exigez une deſcription des lieux où j'avois le bonheur d'entretenir Elmire, j'obéis ſans contrainte. J'ai osé davantage, & vous paroissez me l'avoir pardonné.

Elle étoit logée dans un hôtel charmant. Son appartement étoit placé dans une aîle donnant, d'un côté, sur un jardin paré; & de l'autre, sur un jardin fleuriste, dont l'odeur se répandoit avec complaisance dans les différentes pieces. Il étoit précédé d'un sallon de forme circulaire, où les Artistes les plus célebres avoient déployé leurs talents. Les tableaux galants dont il étoit orné, & son plafond avoient été peints par Tremoliere (4). De ce sallon, on arrivoit dans un cabinet de jour, où Boucher (e) avoit peint les Graces & les Amours, avec cette volupté si connue, & toujours si nouvelle qui caractérise ses ouvrages. Une chambre à coucher en niche, succédoit à ce cabinet, dont la sculpture & les ornements, ingénieux à l'excès, indiquoient le séjour de Vénus, à qui il étoit consacré. Delà on passoit dans une Méridienne. Cette piece, d'une forme agréable, étoit tendue d'une moire bleue, sur laquelle étoient placés, avec choix, les plus intéressants tableaux de l'École d'Italie & de l'École Françaiſe. On en voyoit, entr'autres, pluſieurs de l'Albane (5).

Ce fut en détaillant les beautés d'un des tableaux de ce Maître célebre, qui repréſentoit Diane & Endimion, que je fis paſſer dans l'ame d'Elmire ce ſentiment de tendreſſe qu'elle ſembloit avoir oublié. Flatté de mes ſuccès, je ſentis le beſoin de l'inſtruire encore. Tout favoriſoit ce deſſein. On ne voyoit que des grouppes, des marbres, des bronzes, des allégories, des ornements délicieux. Tous les Arts d'agrément s'y trouvoient raſſemblés. Le galant n'y étoit point frivole, le beau n'y étoit pas ſérieux. Rien n'étoit diſparate, tout étoit aſſorti; rien de fort, rien de foible. Jamais enſemble ne fut mieux formé. Mes ſoins enfin eurent tout leur effet. Elmire se vit beaucoup plus riche qu'elle ne croyoit l'être, & beaucoup plus sensible qu'elle ne l'avoit jamais été.

BILLET

De la Comtesse au Comte.

Je vous remercie de votre complaisance ; vous racontez bien. Elmire dut vous écouter avec plaisir. Peut-être que ce plaisir causeroit un peu de peine, si l'on vous aimoit. Heureusement je n'en suis pas là..... Je pars pour ***, où je suis sûre qu'il n'y a pas une ame comme celle que vous sûtes ranimer. Ce sont des cœurs sans ressource, & qui n'ont pas l'excuse qu'Elmire pouvoit donner. Je suis encore touchée de l'état où vous la trouvâtes ; vous devez vous rappeller avec plaisir celui qui lui succéda. Ainsi toute la vie de cette femme fut intéressante, parce qu'elle sut aimer.

LETTRE VIII

Du Comte de Saleran, à la Comtesse de Vaujeu.

JE ne suis point surpris de l'embarras que vous avez remarqué dans le Marquis, lorsque vous lui avez parlé de moi. Je ne le serois pas même, s'il vous avoit laissé appercevoir l'éloignement le plus décidé. Il dissimule ; mais je sais qu'il me hait, après avoir été mon ami. Je ne vous cacherai point les causes de ce changement. J'immole le plaisir d'être honnête, à la nécessité de vous paroître irréprochable.

Vous n'ignorez pas le mauvais choix qu'il fit, il y a quatre ans. Jamais la fantaisie n'eut des suites si sérieuses, & ne prouva mieux combien elle peut égarer la raison, lorsque l'Art, dans une femme, parvient à former les plaisirs du sentiment, & les chaînes de l'habitude, des caprices de l'imagination.

Cette femme, qui connoissoit le cœur humain, & qui elle-même avoit éprouvé le sien dans plusieurs attachements, n'ignoroit pas que le cœur s'use dans l'amour & dans le plaisir. Pour prévenir la révolution, elle imagina des voluptés, des distractions, des occupations de tous les genres. Les Beaux-Arts, les Sciences même furent regardés comme un moyen nécessaire. Voilà mon pauvre ami dans le champ des erreurs ; car vous imaginez bien que cette femme, impérieuse & malhonnête, ne trouva pas de vrais Artistes & de vrais Savants pour former le goût de son pupille. Il y a même lieu de croire qu'elle auroit craint d'en trouver, parce qu'il auroit fallu risquer que des raisonnements sensés, venant à frapper un esprit qui en avoit perdu l'habitude, ne devinssent enfin comme l'étincelle qui met le feu à la maison.

Je gémissois en secret. Lorsqu'on raisonnoit devant moi, je disois mon avis sans contrarier. Je craignois de m'affecter, & il y auroit de quoi m'affecter beaucoup. Enfin, on acheta des tableaux, des gravures, des statues, des raretés étrangeres; jamais le mauvais goût n'avoit fait de plus mauvais choix. Le prix de l'acquisition excédoit cent mille livres. Quelques mots de représentation pour une si grande somme, n'étoient pas une témérité de ma part. Ils me furent vivement reprochés. Le public, à qui mon foible goût étoit connu, murmuroit contre moi; mon cœur murmuroit encore plus; il falloit souffrir & me taire. Il vint un moment où je ne fus plus le maître de mes mouvements. On voulut bâtir une maison de plaisance: on m'en parla; on me montra un plan..... Représentez-vous le renversement de toutes les Loix, le mépris de tous les usages, l'assemblage de toutes les bizarreries. Je frémis ; je voyois un million prêt à être employé à se couvrir d'un ridicule éternel. J'osai dire la vérité ; elle ne me fut point pardonnée : je pris enfin le parti de me retirer.

Le maudit plan a été exécuté. Deux cents Ouvriers ont été employés à cette monstrueuse caricature. Il n'y a rien dans l'Univers d'aussi capable de faire gémir le goût & d'offenser la raison.

LETTRE IX

Du Comte de Saleran, à la Comtesse de Vaujeu.

VOUS exigez donc que je livre à toute la sévérité de votre jugement, un homme qui fut mon ami. Le profil ne vous satisfait point. Vous voulez voir en face le maître & la maison ; je cede à l'intérêt plus qu'à l'amitié. La complaisance est ici contre mes principes ; sans le prix que vous m'offrez, je crois que vous n'auriez pu me vaincre.

La maison que vous voulez connoître est élevée dans une plaine à une lieue de Paris. Le voisinage de la Capitale est peut-être le seul mérite qu'on doive lui accorder. La vue en est bornée, le corps-de-logis n'ayant qu'un rez-de-chaussée. Il eût fallu élever un premier étage, pour y jouir d'un côteau aſſez fertile qu'on auroit remarqué du côté des jardins. Figurez-vous, dans l'ordonnance des façades, ce que l'Architecture imagina jamais de plus imparfait dans son enfance : on n'y remarque aucune proportion dans les maſſes. Les parties sont sans relation; une exceſſive confuſion regne dans les détails. Par-tout des ornements mal conçus, & d'une exécution qui acheve de les rendre ridicules. Quoiqu'on y ait employé l'ordre Ionique-colonne, cet appareil ſemble n'annoncer que le faſte du propriétaire, & le mauvais goût de l'ordonnateur. Ne croyez pas que les dedans soient mieux consultés. De grandes pieces & des planchers trop bas; des décorations d'un deſſein trivial; des peintures indécentes; des meubles chamarrés, dont les couleurs diſputent avec le ton des lambris; de gros cadres renfermant de petits deſſus de porte ; des corniches d'une pesanteur assommante, enrichies de sculptures à filigrane ; par-tout, enfin, des contrastes sans nécessité, d'où il est aisé de conclure que le faux goût a été préféré à une symmétrie raisonnable & réfléchie, que malheureusement le commun des esprits appelle monotonie.

Les jardins ne sont guere mieux entendus. Une planimétrie insipide est le moindre défaut qui y regne. Les parterres seuls m'ont paru d'un assez bon goût ; mais les charmilles, très-mal distribuées, y sont d'une symmétrie affectée qui inspire l'ennui. Quelques pieces d'eau, sans mouvement & sans vie, achevent de déconcerter l'Amateur. On est attiré néanmoins dans ces jardins par quelques belles statues en marbre ; mais, ce que vous aurez peine à croire, c'est que ces beautés de l'Art se trouvent assimilées avec des figures en terre cuite, fabriquées sur les Boulevards ; leur profusion annonce la médiocrité de la matiere & l'ignorance de l'Artiste. Vous seriez frappée jusqu'à l'incrédulité de la fidélité de ce récit, si je ne me hâtois de vous apprendre que le Marquis, pour se conserver le droit funeste de suivre sa fantaisie & son caprice impérieux, a choisi un Menuisier pour le diriger dans ses travaux. Heureusement, après avoir essuyé les brocards que mérite une telle conduite, il a pris M. *** pour son Architecte ; & ce dernier, à qui il ne restoit plus que les dépendances à élever, les a du moins disposées de maniere à faire estimer son goût, mais le mal étoit fait.

Peut-être serez-vous bien-aise d'apprendre que ce même Architecte a présidé à la décoration de la bibliotheque, qui contient une nombreuse collection d'excellents livres. On trouve aussi dans l'intérieur des appartements quelques beaux bronzes, des porcelaines d'un bon choix, montées avec Art; quelques meubles de *Boule* (6); plusieurs tableaux de Chevalet, de l'École Flamande, fragments de la succession des ancêtres du Marquis, & conséquemment inutiles à sa justification, puisqu'il ne les a pas acquis. C'est même ce qui comble l'étonnement des Amateurs, que ce petit nombre de chef-d'œuvres, noyés, pour ainsi dire, dans une multitude de bambochades, de grotesques, & placés au même rang que les contes de la Fontaine, peints à découvert, & exécutés par des Peintres de la troisieme classe.

Voilà où une femme impérieuse, ignorante & fausse a pu conduire un homme qui ne voyoit plus qu'à travers le bandeau fatal de l'Amour. Si cette lettre, que je n'écris point sans regret & sans horreur, pouvoit devenir publique, les gens de qualité apprendroient, en frémissant, combien un mauvais choix peut les égarer; combien il eſt néceſſaire qu'ils s'inſtruiſent; combien le mauvais goût & les mauvais penchants les dégradent. Le mépris le plus légitime, & le mieux ſenti, eſt réſervé à ceux qui exigent le reſpect, & affichent le ridicule.

LETTRE X

Du Comte de Saleran, à la Comteſſe de Vaujeu.

VOTRE amie eſt charmante : je vous le diſois autrefois; vous ne vouliez pas me croire. Vous l'enviſagiez avec une prévention dont je ſouffris pour vous & pour elle. Vos idées ont à préſent toute la perfection de votre beauté. Oui, j'aime mieux un eſprit qui ne s'attache eſſentiellement à rien, & qui ſaiſit tout, que ces ames triſtes, ſolitaires dans le monde, qui, ne tenant qu'à un objet, n'eſtimant qu'un ſeul genre, raisonnent tout le jour avec la bonne foi la plus importante, contre le talent qui nous amuse, le systême qui nous instruit, ou le plaisir qui nous enchante. Il y a incontestablement une erreur & un inconvénient attachés à la pluralité des goûts dans la même personne. Chaque Art perdroit infiniment à ne pas rencontrer de temps en temps quelqu'Enthousiaste ; mais je veux que la préférence n'entraîne pas l'exclusion ; & je dis que cette légéreté de goût, qui se promene successivement sur tous les objets, est préférable à cette jalousie destructive qu'une ame qui n'aime qu'un objet, ou qu'un genre éprouve à l'égard de tous les autres, sans compter qu'elle forme un spectacle beaucoup plus agréable. En général, l'imagination est bornée, quand l'ame est solitaire ; & les bornes de l'imagination produiront toujours à peu-près le même effet que l'indifférence. Voyez combien d'objets successifs peuvent s'offrir à la vivacité d'une ame facile à se laisser charmer! Qu'il y ait beaucoup de ces ames-là, tout est en mouvement ; nul talent ne doit son prix aux circonstances ; nul plaisir ne cesse d'être un bienfait général ; la chaîne est infinie, le mouvement n'est jamais interrompu. Supposez, au contraire, des préférences absolues, des êtres uniquement livrés à un goût, l'Univers n'est presque plus qu'une solitude.

Je suis bien loin de vouloir consacrer les défauts des productions. On ne sauroit trop étudier le bon goût & le mauvais, & fixer ce qui est propre à chaque genre & à chaque espece. C'est en quoi les esprits appréciateurs sont essentiellement utiles, & c'est ce qui leur assure le premier rang parmi les Amateurs ; mais, lorsque le mérite de tout est fixé, rien ne doit plus être indifférent.

Les richesses que possedent les Nations

tions sont immenses. Faut-il les outrager par l'insensibilité, ou s'enrichir par l'imitation ? Beaucoup d'esprits faux ont répondu hardiment à cette question importante. Selon leur maniere de voir, tout ce qui n'est pas national est barbare ; nous sommes assez riches, l'emprunt seroit un opprobre. Adoptez ce système ? La monotonie devient presque inévitable. Méprisez l'opinion, consultez le goût, respectez le génie ; vous multipliez vos ressources & vos avantages ; vous prouvez une intelligence, une sagacité infiniment estimables ; vous naturalisez toutes les idées, & vous donnez une grandeur nouvelle à votre empire. Il faut, sans doute, savoir choisir lorsqu'on adopte, & se rendre d'avance un compte exact de l'effet de l'adaption des objets qu'on identifie. Cette regle a son principe dans la nature ; mais lorsqu'on se sent capable de la suivre, on ne doit point craindre d'imiter, & de multiplier ſes richeſſes par ſes goûts. Je remercie votre aimable amie de juſtifier mes opinions par ſes plaiſirs.

LETTRE XI

Du Comte de Saleran, à la Comteſſe de Vaujeu.

JE m'y attendois, vous pouvez me croire; je ſavois d'avance la réponſe que vous feriez à ma lettre. Rien de ſi naturel que ce qui vous arrive, & rien de ſi facile que ce que vous me demandez. Vous voulez une inſtruction en forme, vous deſirez de juger des effets par les cauſes, & des cauſes par le goût ſolidement éclairé; vous voulez enfin concevoir pour ſentir, & connoître pour approuver. Qu'il m'eſt doux d'avoir à travailler, à la fois, pour l'eſprit & pour le cœur! L'Amour même n'est pas toujours aussi délicieusement occupé.

J'ai dit que pour beaucoup de gens du monde, tout ce qui n'avoit pas l'air & le caractere national, devenoit barbare ; que, selon eux, nous étions assez riches de notre propre fond, sans aller chercher bien loin les productions des terres étrangeres. Cette opinion m'a toujours paru extravagante. Ce n'est pas que je ne sache tout ce que nous valons, & combien notre Nation a produit de chef-d'œuvres ; mais je n'en ai pas moins toujours desiré qu'on associât, à ces mêmes chef-d'œuvres, ceux des autres Peuples qui cultivent les Arts avec fruit. Si cette association n'a pas existé, ou n'a pas produit tout le succès qu'on avoit droit d'en attendre, ce n'est pas que nos jeunes Artistes ne voyagent en Italie, en Allemagne, en Angleterre ; mais dans quel esprit & avec quel fond voyagent-ils ? La plupart quittent Paris sans le connoître, sans avoir parcouru même les Provinces de la France, de ſorte que dans les Pays étrangers, ils imitent préciſément tout ce qui paroît contraire à nos uſages, à nos mœurs, & à la température de l'air du lieu que nous habitons, de maniere qu'à leur retour, ils n'enfantent preſque que des monſtres. Il y a plus : ceux qui n'ont jamais quitté leurs foyers pouſſent tous les jours l'indiſcrétion juſqu'à introduire, d'après nos Livres, les prétendues productions des Grecs. Pékin à ſon tour paſſe ſur la ſcene : nous en ſommes à préſent à reſſuſciter les rêveries des Arabes, & je ne déſeſpere pas que, ſi cette inconſéquence continue, avant la fin du ſiecle on ne rencontre ſur ſes pas les extravagantes compoſitions des onzieme & douzieme ſiecles. Le plaiſir de changer, ſi naturel à notre Nation, n'épargnera pas plus les Arts, qu'il n'a épargné les mœurs & l'eſprit même. Les ouvrages médiocres étouffent des productions excellentes. Un désassortiment continuel d'idées, puisées çà & là, tue nos Arts, & principalement l'Architecture, le plus essentiel de tous, puisqu'il donne l'essor à beaucoup d'autres. Je dirai plus : pour porter les Beaux-Arts en France, à un véritable degré de perfection, il ne faudroit pas se contenter de faire voyager des jeunes gens, dépourvus pour la plupart des connoissances & des principes nécessaires. Sous Louis XIV, on envoyoit des hommes déjà instruits. Peut-on trop apprendre, lorsque l'on doit éclairer les autres ? Faire venir des Étrangers célebres n'est qu'un faste souvent inutile, & quelquefois dangereux. Personne n'ignore que le Cavalier Bernin (7) fut appellé à grands frais pour bâtir le Louvre; & que les projets qu'il présenta ne convinrent ni à l'édifice, ni aux vues du Monarque. Ceux de Claude Perrault, (8) Architecte Français, furent préférés. Bien avant cette époque, ſous Henri II, Serlio (9), Italien, avoit auſſi été appellé pour ce même Palais, & les deſſins de Pierre Leſcot (10) l'emporterent, tant pour les belles proportions que pour la régularité, & la beauté de l'idée. Il eſt donc moins néceſſaire de faire venir de grands Maîtres, qu'il ne ſeroit prudent & glorieux d'envoyer des hommes déjà aſſez avancés pour pouvoir le devenir; & pour nous épargner ces reſſources d'emprunt toujours moins favorables & moins certaines que nos propres idées, lorſqu'elles ſeront perfectionnées par des comparaiſons, & enrichies par des adoptions heureuſes.

Animé par mes réflexions, j'oſe dire qu'il eſt temps d'en faire ſur le ſujet que j'effleure. Les Beaux-Arts en France commencent à s'obſcurcir & à s'énerver. Ils paroiſſent ſe ſoutenir, ſans doute, parce qu'il eſt encore, & des hommes de grand mérite, & des Protecteurs éclairés; mais que pourront-ils contre une multitude d'Artistes infideles, ignorants & présomptueux, & contre cet essain inébranlable, décisifs du bon air, qui foulent le génie & surchargent la terre, quoiqu'ils soient si légers.

LETTRE XII

Du Comte de Saleran, à la Comtesse de Vaujeu.

JE m'étois douté de ce que vous daignez me confier, quoique je n'eusse entendu votre jolie Philosophe qu'un moment. Elle étudioit donc en secret, tandis qu'on la croyoit occupée de lectures frivoles ? Voilà un mari bien fortuné ! Il n'étoit pas nécessaire que vous m'apprissiez que c'est pour lui qu'elle a desiré de s'instruire. Je sais qu'elle l'aime avec une délicatesse toujours empressée à prévenir ses vœux ; & comme il a les connoissances les plus étendues, j'aurois deviné d'abord qu'il étoit l'objet de celles qu'elle a cherché à se procurer. Peut-on donner plus de grandeur & de noblesse à l'Hymen ? Comment n'être pas touché d'une union tous les jours embellie par le desir de se plaire, tous les jours animée par des entretiens plus raisonnables & plus utiles ? S'instruire & se communiquer à ce qu'on aime, est la maniere d'aimer la plus voluptueuse. Je m'imagine cependant, qu'autant qu'il est possible, les connoissances de la femme ne doivent pas s'étendre aussi loin que celles du mari. Elle a des occupations naturelles, dont une étude trop suivie la distrairoit trop. J'ose écrire aussi que, trop instruite, elle deviendroit trop sérieuse, trop supérieure à mille riens qu'elle répand dans la société, & qui, réunis, donnent à son existence une étendue & une utilité auxquelles il n'y a point de supplément. Les femmes naissent pour nous charmer. Les amertumes de la vie, les besoins de notre ame, les imperfections de notre esprit, rendent ce soin nécessaire. Il faut des agréments pour y parvenir. L'esprit, constamment élevé à la sublimité des Arts, ne se plieroit plus aux habitudes simples de l'amabilité ; on raisonneroit trop, pour consentir à imaginer des riens. Les principes feroient tort aux goûts : l'esprit n'auroit plus qu'un objet, la beauté seroit sans ambition.

L'homme ne verroit plus que son semblable dans l'objet naturel de ses desirs, & le sentiment ne seroit plus qu'un mot sans effet. Il faut d'ailleurs que les femmes puissent toujours avoir quelques obligations aux hommes. Vous conviendrez qu'un peu de dépendance ne leur sied point mal : il me semble même qu'elle les embellit. Le besoin de nos leçons les attache à nous ; & si nous savons les instruire d'une maniere conforme à leur nature très-délicate & un peu légere, nous leur inspirons la confiance, l'estime, & souvent l'amour. Or , tout cela ne pourroit exister si, s'enfermant dans des cabinets, pour s'instruire avec des Maîtres de l'Art, elles parvenoient à n'avoir plus besoin des hommes du monde ; & voilà autant de biens perdus pour nous & pour elles-mêmes. L'égalité appauvriroit les deux sexes , & la prétention peut-être dégraderoit celui en qui la modestie & la reconnoissance sont des qualités si touchantes.

Pardon, si je raisonne aussi long-temps sur un sujet que vous traiteriez mieux que moi. Il ne falloit que quelques mots, & j'ai rempli trois pages. On ne s'apperçoit pas que l'on écrit, lorsque les pensées deviennent des sentiments par le plaisir de les communiquer.

LETTRE XIII

Du Comte de Saleran, à la Comtesse de Vaujeu.

NON, je n'ai pas dit tout ce que je pensois : vous voulez que je donne plus d'étendue à mes idées. Je n'ai point de secret pour vous. Les femmes doivent s'instruire : c'est un besoin qui ne peut jamais être satisfait sans qu'il n'en résulte un grand avantage pour elles. Elles ont le goût trop délicat, pour ne pas aimer les véritables louanges. En peut-on donner à celles à qui on ne doit que des fadeurs ? Rarement contentes de leur beauté, (malgré l'amour-propre) peuvent-elles croire qu'il suffise d'être jolie, pour intéresser véritablement les hommes. Il reste l'esprit & la galanterie : l'un est plus loué que senti ; il est d'ailleurs assez commun ;

conséquemment il n'assure pas beaucoup de distinction ; l'autre déshonore, quoiqu'elle donne une sorte de célébrité. Elle peut égarer l'imagination d'une femme, comme vice : elle ne peut jamais l'abuser, comme ressource : elle sent toujours qu'on n'occupe pas beaucoup de place dans le monde raisonnable, quand on ne sait que donner des desirs. Je ne parle pas de l'Amour, il ne peut intéresser que l'objet qu'il préfere ; & pour cet objet même, il n'est pas une qualité qui puisse suppléer aux connoissances & aux talents. Il faut donc qu'une femme s'instruise ? Elle a alors plus de réalité, & elle trouve moins de vuide. On peut parler à sa raison, & sa raison garantit à son amour-propre la vérité des hommages qu'on lui rend. Elle peut donner un mouvement particulier à la société, tandis que les femmes, qui ne sont que jolies, coquettes ou galantes, attendent qu'on leur donne, à elles-mêmes, le mouvement. La premiere fait naître les circonſtances ; les autres ont tout au plus le plaiſir d'en profiter. Tandis que dans un cercle une de ces prétendues Divinités ſourit avec peu de plaiſir à quelques ſaillies, ou répond avec peu de ſincérité à quelques regards, le génie ſe développe, s'éleve, ſe répand dans un coin avec une femme digne d'entendre ſes oracles. Les tréſors de l'imagination concourent, avec ceux des Beaux-Arts, à lui tracer un ſpectacle ſublime. Mille beautés éparſes ſont rapprochées : les Nations s'enrichiſſent, en offrant leurs chef-d'œuvres à l'admiration qui les apprécie. Un ſallon devient l'Univers. Cette femme compare, raiſonne, jouit & décide. Les autres ſont réduites à minauder & à envier. Quel néant d'une part ! Quelle grandeur de l'autre !

C'eſt ici une glace que je vous préſente, daignez vous y conſidérer ; j'attends de vous cette juſtice..... J'ai reçu une lettre très-plaisante & très-ingé-gieuse de notre frivole ami du Faux-bourg : il est toujours le même ; il ne conçoit pas comment on peut avoir un seul des goûts qui tous les jours embellissent mon existence : il me fait des arguments, & me gronde avec une bonne foi qui tient du délire. C'est un fou bien aimable & bien heureux en même temps, puisqu'il n'a point d'intervalles. Je ferai copier sa lettre, & vous donnerai incessamment le doux plaisir d'en rire.

LETTRE XIV

Du Comte de Saleran, à la Comtesse de Vaujeu.

VOUS n'êtes pas encore satisfaite ; vous voulez des faits après des raisons. Combien ne m'obligez-vous point par-là, & vous craignez toujours d'exiger ?

Quand nous entendrons-nous mieux?

Les femmes ont très-bonne opinion de leur goût, vous le savez : elles étendent cette prétention jusqu'aux choses de l'Art ; leurs choix & leurs décisions sont souvent des malheurs. On veut modestement les éclairer : l'entêtement perpétue l'erreur, & souvent les jette dans l'excès. Combien de cabinets de femmes n'en sont pas la preuve!

J'étois un jour dans une belle maison, anciennement bâtie & élevée sur les dessins de feu M. D**, qui, sans être aussi célebre qu'Hardouin Mansard (11), son prédécesseur, ne s'est jamais écarté que jusqu'à un certain point, des excellents principes de l'Art. Cette maison depuis a passé successivement entre les mains de plusieurs propriétaires, & les dedans ont été restaurés & embellis il y a une vingtaine d'années, temps où Pinault (12) & Meissonier (13) imaginerent ces ornements qui ont long-temps été en vogue ; ornements ingénieux à la vérité, mais qui n'auroient jamais dû être imités, parce que le génie ne s'imite point.

Je m'étois retiré dans un coin du ſallon, avec une femme aimable que je voyois pour la ſeconde fois ; mais qu'à ſa démarche, à ſon air noble & aiſé, & à l'attention que je lui avois vu donner à pluſieurs parties de la décoration de cette piece, je jugeois avoir du diſcernement & du goût : elle me connoiſſoit de nom, & avoit oui dire que j'uniſſois à l'amour des Arts les connoiſſances qu'il exige. Elle me demanda ingénument ce que je penſois des beautés réunies dans toutes les pieces de l'appartement, & particuliérement dans le ſallon où nous étions. J'héſitai d'abord de répondre, parce que je ſavois qu'elle étoit intimement liée avec la Maîtreſſe de la maiſon. Je crus même devoir commencer par l'interroger.

roger. Je m'apperçus bientôt que je parlois à une femme éclairée à qui il ne manquoit qu'un peu plus d'acquis. Touché de ses avantages, je fus fâché de la voir enchantée des ornements, & de l'éclat de l'or qui les embellissoit, de même que de l'effet des lumieres qui se répétoient dans les glaces, & à qui le mouvement d'une compagnie nombreuse prêtoit un nouvel éclat. J'entrai dans quelques détails ; elle m'en sut gré, & je parvins sans effort à lui faire sentir que la beauté d'une piece de ce genre devoit moins consister à rassembler beaucoup d'ornements, qu'à présenter un beau simple, & des proportions capables de plaire à tous les yeux. Pour la convaincre, après avoir passé quelques moments à examiner ce sallon, je lui proposai de la conduire dans une galerie que j'avois déjà remarquée, & qui, sans être éblouissante, avoit charmé mes regards. Toutes les pieces de l'appartement où nous étions étoient éclairées : on y donnoit une fête ; on dansoit dans le sallon que nous quittions ; on tenoit jeu dans d'autres parties : plusieurs encore étoient destinées & occupées par la conversation ; de sorte que la galerie où je la conduisois étoit assez déserte. Excité par l'attention dont elle m'honoroit ; & me livrant à l'occasion, j'eus la bonne foi de prouver que ce beau lieu, simple dans les formes, riche dans les matieres, mais sans confusion l'emportoit absolument sur la décoration de tout l'appartement, & particuliérement sur l'abondance du sallon : vous allez juger si je m'abusois.

Dans la voûte de cette galerie étoient peints Apollon & les Muses, renfermés dans plusieurs compartiments de stuc, qui prenoient naissance de ceux qui étoient distribués sur les lambris, ce qu'on remarque rarement ailleurs, parce que ces divers objets sont faits par différents Artistes, & que communément ils s'exécutent dans des temps éloignés les uns des autres. Des ornements nobles embellissoient ces lambris, & servoient d'intervalle à la distribution de plusieurs grands tableaux qui représentoient e s Arts, ouvrage de génie & de goût, sorti, ainsi que le plafond, de Vouet (14) qui a formé en ce genreles plus célebres Artistes de l'Ecole Françaife. Les meubles étoient assortis au genre des ornements & à la beauté des tableaux. De grandes & belles torcheres, surmontées de girandoles de bronze doré d'or moulu, éclairoient cette galerie avec dignité. On y remarquoit encore, en face de la porte, une belle cheminée ornée de bronzes, sur le manteau de laquelle, au lieu d'une glace, étoit placé un bas relief en marbre de la plus grande beauté.

Vous n'aurez pas de peine à concevoir, par le compte que je vous rends de cette galerie, pourquoi elle étoit abandonnée du tourbillon folâtre, répandu dans le reste de l'appartement. Cette solitude favorisa le dessein que j'avois de m'entretenir avec une femme aimable qui brûloit de s'instruire. Je fus enchanté des réflexions qu'elle me communiqua. Je lui parlai souvent de vous, parce qu'elle vous avoit nommée : elle ne me dissimula point que c'étoit à votre exemple qu'elle devoit le plaisir qu'elle goûtoit à penser.

Elle me pressa ensuite de parcourir les autres pieces. Je ne balançai pas à la suivre, mais bientôt nous fûmes forcés de renoncer à notre projet. Ce moment de tumulte étoit peu propre à la réflexion. Pour nous débarrasser des importuns, nous vînmes reprendre la place que nous avions occupée dans le sallon. La danse y étoit suspendue pour quelques instants. Dans la disposition où j'étois, l'amie des Arts fut bientôt à portée d'en être le juge. Je la ramenai aux objets que je l'avois vu admirer d'abord. Je compris que je l'avois foiblement éclairée par mes premieres réflexions. Je ne lui disois rien, ou peu de chose ; ses regards m'apprenoient qu'elle étoit honteuse d'avoir été frappée de ce qu'elle appelloit maintenant désordre dans l'amas confus des ornements & des matieres. Elle convint de bonne foi que tout ce qu'elle avoit remarqué d'attrayant, au premier coup-d'œil, lui paroissoit tout au plus digne d'embellir un boudoir. En effet, on n'y voyoit guere que des ornements frivoles, des contours contrastés, sans discrétion & sans choix. Cette piece, magnifique par l'éclat de l'or & par une assez vaste étendue, n'étoit dédiée à aucune Divinité. Nuls symboles, nulles allégories ne désignoient ni son usage, ni l'intention du propriétaire, ni celle des Artistes qui y avoient présidé. Pour comble de disgrace, les tableaux de la Joux (15) ornoient les dessus de porte ; autre Artiste, qui, de même que les Pinault & les Meissonnier, n'auroit jamais dû avoir d'imitateurs. La Dame qui m'écoutoit, se rappellant le bel effet du plafond de la galerie, regarda avec une sorte de mépris la sculpture dont le plafond de ce sallon étoit, pour ainsi dire, accablé. Des ornements qui n'étoient que des ornements, se succédoient les uns aux autres, entremêlés avec des dragons, des palmettes, des chauve-souris, & mille autres chimeres de cette espece, que la maigreur & la futilité ne laissoient guere remarquer, que parce que, dorés d'abord, ils étoient maintenant très-obscurcis par la fumée des bougies.

Je vous épargne des réflexions que vous ferez vous-même. Je voulus plaindre d'abord les propriétaires d'une maison où existoit un ensemble aussi extraordinaire. On m'assura que la Maîtresse me feroit un crime de ma pitié si elle la soupçonnoit jamais. Je compris que le phénomene qui me choquoit, étoit en partie l'ouvrage de son imagination, & je regrettai pour elle qu'elle n'eût pas été toute sa vie sans connoissances & sans idées.

LETTRE XV

Du Comte de Saleran, à la Comtesse de Vaujeu.

JE réponds à votre impatience. Voici la lettre de notre aimable fou. Vous rirez, en la lisant. Hélas! je n'ai pas une gaieté desprit à pouvoir prendre l'unisson avec vous. Qu'ai-je appris! Qu'elle lumiere affreuse a passé dans mon cœur!..... Lisez, Madame, lisez; ne vous arrêtez pas à ces réflexions. Il ne faut point que le nuage, qui obscurcit mon destin, éclipse l'éclat du vôtre.

Le Chevalier de Derville, au Comte de Saleran.

Du haut ſommet de ce mont orgueilleux
Où vous avez fixé votre demeure
Parmi les Fous, les Muſes & les Dieux,
Daignerez-vous m'accorder un quart-d'heure,
Et ſur mes vers jetterez-vous les yeux ?
A l'amitié, l'Hélicon eſt funeſte.
Sans les Beaux-Arts, rien n'eſt intéreſſant ?
Et tout mortel, privé du don céleſte,
Qui d'Apollon diſtingue un noble enfant,
N'inſpire rien, malgré le ſentiment ?
O raiſonneurs, que l'amour-propre abuſe !
Que ſont les Arts auprès de deux beaux yeux ?
Que ſont les vers les plus harmonieux,
Et les faveurs qu'on obtient d'une Muſe ?
Près du bonheur que rejettent vos vœux !
La vérité fait notre deſtinée.
Tout eſt erreur, ſans les plaiſirs des ſens.
Lorſqu'aux Beaux-Arts l'ame eſt abandonnée,
Je la confonds avec les inſtruments
Qu'on croit ſervir aux travaux du génie.
Combien d'erreurs enfante le ſavoir !
Que de plaiſirs coûte une fantaiſie !
Que de chagrins produit un faux eſpoir !
Mon habitude eſt beaucoup plus ſenſée.
Cloris eſt belle, elle a bientôt ma foi ;
Mon cœur s'explique, & le ſien eſt à moi.
Par pluſieurs goûts mon ame balancée
Les ſatisfait, ſans effort, tour-à-tour.

Les plus longs soins n'excedent pas un jour.
Je suis heureux, sans fatiguer mon ame ;
J'ai des plaisirs, sans me donner des fers ;
Je plais, je romps, je m'amuse & m'enflamme ;
Ma volonté s'est soumis l'Univers ;
Et mes desirs, enfants de l'inconstance,
Esclaves nés pour m'obéir toujours,
N'excédant point la simple préférence,
N'exceptant rien dans leur tranquille cours,
Sont constamment guidés par la prudence :
Deux mille vers valent-ils deux beaux jours ?
Pour vous qu'en vain, par ma philosophie,
J'ai mille fois tenté d'humaniser,
Vous que les Dieux devoient favoriser
De ce coup-d'œil préférable au génie ;
Vous qui voulez, au sein de vos beaux Arts,
Braver les loix de la nature humaine,
En refusant jusqu'aux simples égards,
A tant d'objets répandus sur la scene
Qui chaque jour enchantent mes regards ;
Vivez tout seul, ignoré, solitaire,
Tracez des plans, & broyez des couleurs ;
Oubliez-moi dans les bras des neuf Sœurs :
Vous n'avez plus besoin qu'on vous éclaire ;
Pour être heureux, il vous faut des erreurs.

J'avois la tête libre, lorsque je reçus cette sémonce poétique. J'y répondis, sur le champ, en vers foibles, mais un peu plus raisonnables. Je joins ici cette réponſe, parce que je m'imagine que vous me la demanderiez.

Le Comte de Saleran, au Chevalier de Derville.

Le Parnaſſe eſt un lieu qu'habite la raiſon.
Pour l'amitié je n'y vois rien à craindre:
On y chérit juſqu'à ſon nom;
Et je m'offenſerois d'un injuſte ſoupçon,
Si, comme vous, j'oſois me plaindre.
Quant aux goûts que vous condamnez,
S'il faut parler avec franchiſe,
Je ne puis voir que des infortunés
Dans la foule qui les mépriſe.
Vous êtes brillant & léger,
Vous imitez le papillon volage;
Aucun plaiſir ne vous eſt étranger;
Rien n'eſt ſi beau dans le langage,
Mais la frivolité ne fait pas le bonheur.
Je vous compare avec douleur,
A ces mortels qui, toujours en voyage,
Toujours ſéduits par un coup-d'œil flatteur,
Ne conſervent rien dans le cœur
De ce qui s'offre à leur paſſage.
Les plaiſirs les plus doux ſont ceux que vous blâmez.
L'ami des Arts n'eſt point un ſolitaire:
Inconſtant comme vous, il peut changer de ſphere
Et prendre tous les jours ce vol que vous aimez.
Tout l'Univers eſt ſa patrie;

Tous les objets lui donnent des plaisirs.
Le matin dans l'Europe, & le soir en Asie,
Il promene à son gré ses inconstants desirs
Dans le char brillant du génie.
Mais léger par raison, & sensible avec choix,
Il sait s'instruire au sein de l'inconstance;
Il compare, il préfere, il analyse, il pense;
Et, quoique sur son cœur le caprice ait des droits;
Il se décide au poids de la balance.
A vos plaisirs je compare l'éclair;
Du songe même ils nous offrent l'image.
L'un disparoît lorsque finit l'orage;
L'autre, au réveil, se dissipe dans l'air.
Mes voluptés, quoiqu'aussi variées,
Ont bien moins d'instabilité.
Brillants comme les idées,
Leur moindre effet est la réalité.
L'Univers s'embellit par ces Arts que j'adore;
Par eux l'esprit s'éleve, & le cœur s'attendrit;
Le goût sert les besoins aussi-tôt qu'on l'implore;
Par lui tout se répare, & tout se reproduit.
La Nature est immense, & l'Art l'est plus encore.
Même en la copiant, souvent il l'enrichit.
Je sens ces vérités, je plains qui les ignore.
Mon ami craint mon sort! connoît-il son destin?
Je ne lui dirai point, d'une voix effrayante,
Que pour lui le soleil est près de son déclin,
Quoiqu'au milieu de sa course éclatante,
Que la vieillesse accourt à pas précipités;
Et que l'ennui la suit, pour tourmenter une ame

Qui s'enivra de fausses voluptés.
Je dirai seulement que le goût qui m'enflamme,
Unissant l'agrément à la solidité,
Dans toutes les saisons est une source pure
D'où l'on peut tirer, sans mesure,
Et des bienfaits pour la société,
Et des plaisirs pour la Nature.

Voilà, Madame, comme pense un homme bien pénétré de la vérité qui fait mon bonheur. Un autre la diroit mieux que moi, personne ne la peut mieux sentir. Hélas! je parle de mon bonheur, & il vient d'être détruit pour jamais. Je célebre les Beaux-Arts; & le goût vif que j'ai pour eux, ne n'empêche pas d'oublier tous leurs charmes, pour me livrer à la plus cruelle douleur qu'on ait jamais sentie. Vous saviez, Madame, que je serois incapable d'en arrêter les rapides progrès. Vous connoissiez le caractere de mon ame, pourquoi n'avoir pas daigné;.... mais j'oublie que je n'ai pas le droit de me plaindre; & que ma douleur même peut paroître une témérité, puisque vous n'avouâtes jamais le sentiment qui en est le principe. Pardon, Madame, je vois tout ce que j'ai à souffrir, puisque je dois & souffrir & me taire.

LETTRE XVI

De la Comtesse de Vaujeu, au Comte de Saleran.

JE vous estime trop, pour ne pas regarder ces qualités respectables comme un principe de conduite avec vous. Je vais vous montrer toute la sincérité dont vous êtes digne : elle sera poussée jusqu'à l'indiscrétion ; car vous avez la prudence de vous expliquer à demi sur la source de vos maux, & je vais vous apprendre qu'ils me sont connus comme à vous-même.

Le Prince de *** est aimable. Il m'aime, il me le dit, il me l'écrit :

il me ſuit par-tout ; je le reçois chez moi. Voilà la cauſe de vos chagrins. Vous deviner, c'eſt vous répondre ; vous prévenir, c'eſt vous raſſurer ; je ſais à qui je livre mon ſecret. Vous vous tairez ſur une confidence que j'ai dû vous faire, & vous ne ſuppoſerez point un aveu que je ne vous fais pas. Je n'aime point le Prince de ***, par des raiſons que je puis dire ; je réſiſte à vos ſoins, par des motifs que je dois taire. Je ſerois fâchée que vous les devinaſſiez ; vous chercheriez à me raſſurer par la conduite ; & votre conduite qui pourroit me ſéduire, pourroit également me tromper. Je ne m'explique pas mieux ; mon ſilence eſt plein de réflexion. Il dit peut-être trop ? C'eſt un riſque que je veux bien courir, parce que je ſais où il peut finir.

LETTRE XVII

Du Comte de Saleran, à la Comtesse de Vaujeu.

QUELLE lettre ! quel aveu ! quel silence ! Combien de choses renfermées dans peu de lignes ? Vous craignez de vous expliquer ; & vous me refusez le droit de vous entendre. Non ; je vous désobéirai, & le crime est déjà commis. Mon bonheur m'enflamme ; je ne me connois plus, mais vos craintes me confondent. Je sais votre secret ; vous redoutez mon inconstance. Quel outrage pour vous ! Mes soins ont-ils appris à vous humilier ? Hé bien, je sais que vous m'aimez, & je renonce à l'Amour. Je vous respecte trop, pour rester dans une situation où vous puissiez croire que je vous offense. Je sais quels chagrins je me prépare ; mais mon premier besoin est de vous honorer. Vous doutez de moi, voilà ma loi. L'Amour d'un objet suspect n'est qu'un hommage indigne de vous ; vous immoler le mien, c'est vous le prouver.

LETTRE XVIII

De la Comtesse de Vaujeu, au Comte de Saleran.

JE raisonne avant de conclure, & je fais pour vous ce que nul homme au monde n'obtiendroit de moi. Oui, vous m'avez devinée : je vous aime & je vous crains. Je sais que vous fûtes léger ; j'ai dû chercher ma tranquillité dans les épreuves. M'offrir un généreux sacrifice, ce n'est pas me rassurer, c'est me vaincre. Vous ne pourriez suivre votre idée sans souffrir : la crainte de vos maux doit l'emporter sur l'inquiétude de mon sort ; dès-lors je je ne ſuis plus libre, & votre réſolution n'eſt plus qu'une violence. Je vous prie de ne la pas ſuivre ; je veux plus d'égalité entre vous & moi. Elle exiſtera, ſi vous conſervez vos ſentiments ; & ſi je garde mes craintes, le temps fera pencher la balance qu'aujourd'hui l'Amour lui confie. Tant qu'elle reſtera dans l'équilibre, chacun de nous fera ce qu'il voudra pour la déterminer. Vous emploierez les ſoins, j'oppoſerai les épreuves, & nous attendrons notre deſtinée. Voilà, Monſieur, le parti le plus raiſonnable ; vous n'avez plus le droit d'en prendre un autre, après mon aveu.

LETTRE XIX

Du Comte de Saleran, à la Comteſſe de Vaujeu.

JE vais donc reprendre mes travaux que la douleur m'eût fait abandonner.

Votre appartement ſera embelli par ce même amour que vous offenſiez. Il entrera du dépit dans ſes recherches, & de la malignité dans ſes ſoins. Sa vengeance ſera le triomphe des Arts. Moi léger ! moi capable d'empoiſonner la ſource d'où peut naître votre bonheur ! Oui, j'ai pu changer lorſque j'avois mal choiſi, & j'ai dû ſouvent être mécontent de mon choix. Il faut des vertus pour convenir aux ames honnêtes ; il faut de l'enthouſiaſme pour être fidele. Je ne trouvois que des attraits, & je n'avois que des deſirs. Que mon ſort eſt changé ! que mon ame eſt occupée ! Je vous contemple & je vous adore. Non, je ne changerai jamais. Cet appartement que je vous deſtine ſera le Temple de l'Amour, & vous ſerez encore plus honorée dans mon cœur. Les Arts vont s'épuiſer pour moi ; je leur montrerai votre image, & leur ardeur égalera la mienne. Heureux qui peut s'occuper de vous ! plus heureux qui peut vous occuper ! & vous craignez de faire un ingrat ! Il faut apparemment qu'une égalité de partage ſoit la loi de la nature : elle a donné la conſiance à la ſottiſe, la préſomption au vice, la modeſtie à la vertu, & la crainte à la beauté.

LETTRE XX

*Du Prince de ***, au Comte de Saleran.*

Les ſituations extraordinaires autoriſent les partis violents. Permettez-moi, Monſieur, de vous faire la queſtion la plus délicate & l'aveu le plus triſte. La plus belle femme du Royaume, la plus aimable, la plus honnête, la plus raiſonnable & la plus inſtruite, a-t-elle des ſentiments pour vous ? J'ai le malheur de l'aimer en vain. La conſtance autoriſe l'eſpoir, mais elle ne ſert ſouvent qu'à tromper le deſir. Je ſuis dans ce cas, ſi Madame de Vaujeu vous aime. Je connois votre mérite, & je reconnois votre ſupériorité, ſi vous y joignez le ſentiment. La délicateſſe de mon procédé envers vous, & de la loi que je veux m'impoſer envers elle; le malheur de ma ſituation, tout vous autoriſe, Monſieur, & tout vous engage peut-être à me confier votre ſecret. L'honneur eſt ici ma caution; vous ſavez ce que ce mot ſignifie lorſque je le prononce. Vous ſauverez à Madame de Vaujeu une importunité qui peut expoſer ſa gloire; vous m'épargnerez des tourments. Votre aveu ſera un bienfait; votre indiſcrétion une vertu; vous aurez donné une qualité de plus à l'Amour.

LETTRE XXI

*Du Comte de Saleran, au Prince de ***.*

Je ne puis, Monſieur, ni être inſenſible à l'honneur que vous me faites, ni abuſer, ſous aucun prétexte, de celui que me fait Madame de Vaujeu, ſi elle m'accorde la préférence ſur des rivaux tels que vous. J'entrevois un moyen de conciliation, & je le propoſe. Madame de Vaujeu peut ſeule, & doit ſeule répondre à la queſtion que vous me faites. Je puis lui envoyer la lettre qui la renferme; votre deſtinée ſera dans ſes mains, ſi vous y conſentez.

LETTRE XXII

De la Comtesse de Vaujeu, au Comte de Saleran.

Je ne sais à qui je dois plus du Prince, ou de vous. J'ai été touchée de sa lettre, ravie de votre proposition, enchantée de sa réponse. Je lui ai écrit ; un billet de trois lignes m'a appris que j'étois libre & que j'étois estimée. Je ne veux cependant, ni ne dois vous dissimuler qu'un aveu que j'ai dû faire ne me donne point la tranquillité dont j'ai besoin. Vous voyez que le secours du temps m'est nécessaire : vous fûtes inconstant ; vous pouvez l'être encore. Hélas ! vous devez l'être encore. Daignez me laisser mes craintes ; daignez du moins ne les combattre que par des soins capables de convaincre ma raison. L'ascendant vous donne des droits ; soyez assez généreux pour n'en pas abuser.

LETTRE XXIII

Du Comte de Saleran, à la Comtesse de Vaujeu.

DEPUIS deux jours j'ai commencé cette lettre : il ne falloit qu'une heure pour l'écrire ; mais je quittois souvent la plume pour donner des coups-d'œil aux travaux dont vous êtes l'objet. Je me disois : celle qui verra ces soins de ma tendresse, connoîtra le cœur dont elle a douté. Quelle émulation je vais donner à l'hymen, en répandant par-tout les caracteres de l'Amour !..... Cette idée est-elle d'un cœur capable de tromper ?

Je me suis vaguement justifié, quand vous m'avez montré vos alarmes. Il faut un soin plus particulier pour détruire des impressions profondes. La vérité sera mon Art. J'ai avoué que je fus léger ; je dois joindre des détails à cet aveu. Né avec quelques agréments, beaucoup trop sentis, exigeant des qualités infiniment rares, je me trouvai souvent placé entre la séduction & la sévérité. On cessoit de me plaire, parce qu'on n'ambitionnoit pas assez l'estime ; & l'on me faisoit oublier le besoin d'estimer, parce qu'on m'enivroit par la louange. Cela ne fait pas tout-à-fait un inconstant ; mais enfin je fus quelquefois infidele. Le Ciel vous offrit à mes yeux. Combien je fus honteux d'avoir pris des illusions pour des sentiments ! Combien je sentis que je vous aimois !.... Je vous parlerai peu de vos attraits, & beaucoup de vos vertus. Je me fonderai moins sur mes sentiments que sur mes goûts. L'ami des Arts annonce un caractere de solidité qui doit rassurer l'Amour. Qu'ils soient mes garants auprès de vous ; traitez moi comme vous voudrez, après l'aveu qui a décidé de ma destinée. Je ne serai ni ingrat, ni mécontent; j'attendrai votre main, je mériterai votre cœur; vous serez maîtresse de mes chagrins même.

LETTRE XXIV

Du Comte de Saleran, à la Comtesse de Vaujeu.

JE ne puis me refuser au plaisir de vous faire part d'une anecdote intéressante pour moi; vous daignerez la lire avec intérêt, par cette raison: elle est d'ailleurs si singuliere & si piquante, qu'elle pourroit amuser l'objet le plus indifférent; à ce qui me regarde, je ne ferai pas un plus long préambule.

Vous savez que pendant tout l'hiver deux automates, deux machines à compliment, m'ont étourdi du murmure de leurs fades louanges. Je fus à peine hors du cercle de leur végétation, qu'ils prirent un essor téméraire ; & volant vers les nues, sur les aîles de l'envie, ils oserent y attaquer l'oiseau qu'ils appelloient celui de Jupiter. Je sais que ce n'est là qu'une facétie ; mais une facétie peut être impertinente, & une impertinence choque toujours, lorsqu'elle n'est pas rachetée en quelque façon par le charme de la saillie. Le projet de ces Messieurs étoit de me ravir le fruit de mes voyages, en prouvant qu'il y a beaucoup d'erreur dans mes jugements, beaucoup de chimere dans mes préférences, beaucoup de partialité dans mes décisions. J'appris aussi que la petite Marquise de Galeas entroit dans ce conflit d'ineptie, & dans ce complot d'iniquité. Cette femme, que j'ai soutenue entre les sots & les méchants, à qui j'ai sauvé la réputation d'étourderie la mieux méritée, à qui j'ai procuré des amis, que j'ai établie à la Cour malgré son air de Ville, pour qui j'ai tout fait enfin, excepté de l'aimer ; cette femme vouloit me ravir ma réputation, mes succès, & jusqu'au plaisir de lui croire de la reconnoissance. Cette nouvelle fit d'abord sur moi une impression extraordinaire ; je devins furieux ; je voulus envoyer contr'eux la plus terrible Satyre...... La réflexion aida à me calmer. Vous savez que la tranquillité de mon caractere me rend la dispute odieuse, & l'éclat de la réputation presqu'indifférent. Je songeai au genre de travail que je m'imposois, au rôle même que j'allois jouer. Je sentis que mon dépit me trompoit, & que j'avois fait un rêve dont il falloit que je rougisse. La plaisanterie me parut laide comme la méchanceté, & furieuse comme la colere ; la malignité se confondit dans mon esprit avec la Satyre. Je crus me voir parmi ces flots d'Écrivains méprisables qui, pensant & agisſant en Anthropophages, dévorent leur eſpece ; & trompés par les mains barbares qui applaudiſſent à leur fureur ſacrilege, prennent l'audace pour le talent, & le crime pour la victoire. Mon état & mon nom me rappelloient auſſi des devoirs, dont l'oubli eſt d'une conſéquence infinie. Je vis enfin des monſtres, & je n'entrepris pas de les combattre.

C'étoit Lurçai, dont vous connoiſſez le zele & la malignité, qui m'avoit inſtruit. Je lui avois fait part de mes ſentiments & de mon projet. Je lui appris bientôt que, par des conſidérations dignes de moi, je renonçois à la vengeance. Lurçai, né vif, conçut le deſſein de me venger lui-même, & forma le projet le plus ſingulier..... Vous ſavez que la petite Marquiſe eſt pleine de vanité & d'inconſéquence, qu'elle a toujours nourri le deſir de faire du bruit, & que pluſieurs étourderies, dont elle a été convaincue, ont eu cette fureur pour principe. Lurçai, plein de cette connoissance, lui écrivit, sans se nommer, la lettre la plus étonnante qu'une femme ait peut-être jamais reçue. L'effet qu'elle a produit donne à cette aventure un caractere de roman, qui la rend presqu'incroyable ; mais vous imaginez bien que je ne fais pas des contes, & je suis persuadé que vous voudriez déjà avoir sous les yeux ce phénomene littéraire. Je ne tromperai point votre impatience : demain elle sera satisfaite.

LETTRE XXV

Du Comte de Saleran, à la Comtesse de Vaujeu.

VOICI la lettre de Lurçai, à la Marquise. Jouissez du délire d'un faux raisonneur. Le bon goût & la vérité vont être blessés, mais c'est aujourd'hui le jour de la vengeance. Il est permis à Lurçai de déraisonner.

MADAME LA MARQUISE,

J'AI la vanité de croire que nous avons une façon de penser à-peu-près égale sur l'amitié & sur la célébrité : c'est-à-dire, que je vous crois aussi portée que moi à sacrifier l'une à l'autre, lorsque votre intérêt l'exige. Eh bien, Madame la Marquise, voici une occasion des plus heureuses, pour cela; je vous l'offre. N'ayez pas la petitesse de tromper ma confiance par des scrupules; je suis de votre société, & je vous examine tous les jours. Vous n'avez pas encore fait de coup d'éclat, le temps s'écoule. Vous êtes née avec les dispositions les plus heureuses, & votre inaction vous dérobe à l'admiration qui vous attend. Soyez bien persuadée que la jeunesse est le seul temps propre aux perfidies : ce temps emporte avec lui l'indépendance qu'il procurercit par son prestige. Les plus beaux droits sont perdus, lorsque les beaux jours sont passés : on veut qu'une femme, qui n'est plus faite pour séduire, n'ait plus l'ambition d'étonner. Je me suis promis de vous éclairer sur vos intérêts, & d'animer votre indolence.

Vous voyez souvent un homme insupportable, présomptueux, qui parle de tout, décide sans cesse, se trompe toujours ; il est convaincu qu'en voyageant en Italie & en Grece, *il* enchaîna les Arts à sa voiture. Je hais cet homme-là, & je sais que vous ne l'aimez guere. Vous l'aimez d'autant moins, qu'il faut que vous dévoriez l'ennui de l'entendre, & le tourment de le souffrir, car vous lui avez des obligations. Il faut, Madame, vous soustraire à l'esclavage, & éviter l'air de l'ingratitude par un trait de génie.

Le Comte affiche le mépris pour des talents qu'une vue bornée, comme la ſienne, ne peut atteindre dans leur élévation, ni ſuivre dans leur étendue; ne pouvant les diſcerner, il les mépriſe, ou les conteſte. Cela eſt commode, mais cela eſt odieux. Cet homme puſillanime & froid, trouve un défaut partout où il y a une beauté d'invention. Ennemi de ces élans du génie qui caractériſent le véritable Artiſte, inſenſible à cette noble hardieſſe qui éleva l'Art au-deſſus de l'opinion, & conſéquemment au-deſſus de la nature, il veut que le goût ſeul invente, & que lui ſeul décide. Il ravit l'admiration aux hommes, & l'immortalité aux talents. Suivant ſes principes, l'homme qui peut ſurprendre doit toujours être ſuſpect; & celui qui s'écarte de la route que les ſiecles ont tracée, eſt un impoſteur qui a recours à l'imagination, ne pouvant ſaiſir la nature.

Voilà,

Voilà, Madame la Marquise, comme raisonne un homme sans raison, sans sentiment & sans équité. Vous concevez que, lorsqu'on a une ame, on est un peu choqué de voir une pareille existence, tous les jours honorée des tributs de l'engouement. J'ai mis dans ma tête de répandre le jour de la vérité sur une erreur aussi profonde. Je crois m'être assez bien tenu parole; je vous envoie des preuves sensibles de son ineptie, de son inconséquence & de son audace, dans une lettre profondément pensée. Je connois peu les Arts, mais je sais suppléer.

Voici le jour de votre gloire, Madame la Marquise. Suspendez les plaisirs de l'Amour; interrompez ces amusements monotones, qui bornent le cours de la vie, au seul instant qui les produit; reculez les limites de votre existence; élancez-vous vers l'avenir; volez au sein des Arts qui vous attendent pour vous couronner.

Il ne faut pour cela qu'une résolution. Montrez à vos amis cette lettre importante. Vous direz qu'un Amateur vous l'a adressée. L'impression sera prompte, le bruit éclatant ; notre homme est perdu. Vous dissimulerez au milieu de ce tapage : la douce malignité se cachera au fond de votre cœur. Vous laisserez agir vos amis, le public, les connoisseurs & les sots ; & vous jouirez des charmes de la victoire, sans vous exposer aux dangers du combat.

Adieu, Madame la Marquise, je quitte la plume avec regret, mais sans inquiétude. Je suis trop content de moi, pour craindre de ne l'être pas de vous. Songez que les heures de votre printemps s'écoule, & qu'il n'est plus possible de régner dans l'opinion, lorsqu'on ne regne plus sur les sens.

J'ai l'honneur d'être, &c. &c. ***.

QUE dites-vous de cette Épître ?

Trouvez-vous que Lurçai exécute bien un plan de méchanceté ? Vous devinez que cette lettre originale renfermoit beaucoup de paradoxes, beaucoup de décisions, beaucoup de sortises ingénieusement tournées, beaucoup de principes contraires aux miens & à ceux des Beaux-Arts. La petite Dame, enchantée d'avoir un rôle à jouer, annonça la Piece, & mit de la passion jusques dans l'affiche : elle assembla ses deux Triumvirs, qui saisissant, avec ardeur, les armes qui leur étoient présentées, crurent Rome en danger. Ce beau château subsista deux jours : un coup de vent perfide renversa jusqu'aux fondements, & les débris tomberent sur les audacieux qui l'avoient élevé. Lurçai eut la malignité de faire courir une lettre de lui, qui bientôt.... Je suis étonné que le bruit n'en soit pas venu jusqu'à vous : il est vrai que vous arrivez de Versailles, où vous avez passé quinze jours.

Tandis que la triste humanité se plaît à se distinguer par des horreurs, aimons à nous honorer par le charme des plus tendres liaisons. Rien ne me les ren' si sensibles que le mépris que m'inspire la fausseté des caracteres. Je vous avoue, avec transport, qu'au milieu des nuages qui obscurcissent le séjour des Beaux-Arts, votre ame, qui est celui des vertus, brille, pour moi, d'un éclat tous les jours plus séduisant. Je vous rapporte toutes les beautés & tous les avantages dont l'humanité se dépouille pour se livrer aux passions, & je vois votre gloire égale à votre Empire.

LETTRE XXVI

De la Comtesse de Vaujeu, au Comte de Saleran.

J'AI l'esprit assez mauvais pour vous avouer que votre lettre m'a fort amuſée. Je trouve Lurçai divin d'avoir appris à deux automates qu'il faut être homme pour avoir droit de dénier le mérite, & je ne trouve point la petite Dame trop perſifflée & trop punie, par une lettre dont elle devoit mieux ſentir la cauſe que l'effet. Je voudrois lire cette lettre intéreſſante & perfide. Vous devez en avoir reçu une copie, ou vous pouvez aiſément vous la procurer. Je vous en demande, non le ſacrifice, mais la communication. Seroit-il juſte que, prenant à vous un intérêt très-vif, trop vif, peut-être, je ne puſſe jouir qu'idéalement de la maniere ingénieuſe dont vous avez été vengé.

LETTRE XXVII

Du Comte de Saleran, à la Comtesse de Vaujeu.

M'IMPOSER des loix, c'est créer pour moi des voluptés nouvelles. Je vous envoie ce que vous m'avez demandé. Lurçai m'avoit mis à portée de vous satisfaire avant que vous eussiez parlé. Jouissez du plaisir que je goûte à vous voir occupée de mon intérêt. Que ne puis-je vous offrir des objets plus dignes de votre raison & de votre sensibilité ! Vous savez combien les belles choses & les grandes qualités ont toujours flatté mon imagination ; qu'à côté de cela, des procédés lâches & des prétentions extravagantes doivent me paroître méprisables. Ce spectacle devient tous les jours plus commun. Je haïrois le monde, si vous ne me l'embelliſſiez pas : jugez de mon amour, par mes obligations ; mais vous êtes impatiente de lire : je m'arrête & tranſcris. N'oubliez point que ce ſont ici de faux raiſonnements néceſſairement accumulés.

LETTRE à la Marquiſe de Galeas, par un Amateur.

Vous vous rappellez, ſans doute, Madame, avec quelle impatience j'écoutai, il y a deux mois, chez une de vos amies, l'éloge pompeux que le Comte de ** nous fit de ſes connoiſſances ſur les Beaux-Arts. Vous n'avez pas oublié non plus qu'il nous dit du mal, ce jour-là, de la plupart des chef-d'œuvres que vous & moi ne ceſſons d'admirer. Je fus ſcandaliſé, ſur-tout, du mépris tranchant avec lequel il parla des ornements qu'il appelle bigarrure. Il leur donne ce nom, parce qu'il a une paſſion décidée pour l'antique ; & moi, qui n'ai point de paſſion que celle, du moins, d'éclairer charitablement l'erreur, ou de combattre hautement l'orgueil, j'appelle ce goût excluſif ſécchereſſe d'imagination, imitation ſervile & toujours déplacée, lorſqu'il s'agit ſur-tout de la décoration de l'appartement d'une jolie femme, objet dont apparemment il ne ſent pas tout le prix.

Puiſque je prends le parti de contrarier cet homme ſinguliérement prévenu en ſa faveur, je crois ne le devoir pas faire à demi : c'eſt une juſtice que je dois à vous-même, Madame, dont il a ſouvent offenſé le goût, en attaquant vos opinions toujours raiſonnables. Le haſard m'a fourni des armes, dont il me ſera facile de me ſervir avantageuſement. Une affaire particuliere me conduiſit, il y a quelques jours, à l'Hôtel de T***, originairement l'Hôtel de M***. Je me rappellai qu'en notre préſence le Comte en avoit tourné en ridicule la décoration intérieure, & même les ameublements. L'eſprit de juſtice, plus que la curioſité, me porta à examiner ſérieuſement ce que je ſoupçonnois qu'on m'avoit arbitrairement dépeint. Je vis combien la prévention a peu de bornes, ou la malignité peu de pudeur. Il eſt vrai, cependant, que les dehors me parurent aſſez mauſſades ; mais notre Cenſeur ignore-t-il que c'eſt ici un ancien bâtiment extérieurement reſtauré ? Les dedans (pour me ſervir des termes de l'Art) ſont les plus agréables, les plus intéreſſants, les plus variés que j'aie jamais vus. Je n'entreprendrai point de vous faire une deſcription bien exacte des beautés dont je ſuis encore frappé ; je tâcherai cependant de ne vous laiſſer rien d'eſſentiel à deſirer. Imaginez-vous que tout, dans les appartements, préſente un contraſte admirable. On ne remarque pas une ligne droite, ni dans les plans, ni dans les élévations. La symmétrie en est bannie. La composition & l'élégance des ornements n'ont jamais rien offert de plus satisfaisant; idées riantes que la magie des glaces répete encore, & semble multiplier à l'infini. Je pourrois dire, avec vérité, que je ne connois rien de si propre à faire tourner la tête. Ces dessins charmants ont été donnés par feu M. Leroux (16), Architecte du Roi; & ont été exécutés par Pinault, Artiste, à qui nous devrons toujours une reconnoissance & une admiration infinies, pour toutes les jolies choses qui embellissoient nos demeures, avant qu'un tas d'originaux vînt critiquer nos modes & les plaisirs de notre imagination. Figurez-vous le spectacle enchanteur des ornements les plus légers, alliés avec les peintures les plus galantes, des Bouchers (17) & des Natoires, entremêlés avec des bas-reliefs, des trophés, des dragons volants, & les plus jolis ſapajous du monde. Par-tout on remarque des fleurs, des guirlandes, des palmettes, des rocailles, des pagodes ; enfin, des riens charmants aſſortis aux cadres chantournés, aux moulures des panneaux, qui, diſſimulant avec un art infini leur origine & leur ſommet, ſe perdent, par des contours pittoreſques, ſous la ſculpture auſſi admirable qu'intéreſſante.

Ne conviendrez-vous pas, Madame, que toutes ces merveilles ſont préférables à ces formes triſtement régulieres, enfantées par nos prétendus hommes de bon ſens, & applaudies avec excès par ces Amateurs froids, qui croient nous en impoſer par l'admiration ſtérile des productions de l'Antiquité. Je ſuis intimement convaincu que la décoration de nos appartements doit tenir eſſentiellement à nos mœurs ; & que le ſtyle de nos ſallons, de nos ſalles de compagnies, de nos toilettes, de nos boudoirs, doit être analogue à la légéreté des propos galants qu'on y débite. Je crois encore que le genre grave doit être réservé pour les appartements des vieux époux, gens qui préferent l'ennuyeuse uniformité, par un intérêt de vraisemblance, & par un choix de vanité.

Vous trouverez peut-être mes réflexions hasardées ; mais je dois mon enthousiasme aux choses charmantes que j'ai vues à l'Hôtel de T **. Vous savez que les passions aiment se dogmatiser. Des maximes, on passe aux systêmes, par une progression du plaisir..... J'oubliois de vous parler des meubles & des étoffes. Rien de si galant, de si riche & de si ingénieux. La forme des meubles, sur-tout, entraîne l'imagination. On ne sauroit presque s'y reposer, sans ressentir une émotion que ne firent jamais éprouver les anciens canapés, & ces énormes fauteuils qui engloutissoient le corps, l'ame & l'esprit. Là, c'est un confesſionnal deſtiné pour le tête à tête : ici ce ſont des ottomanes élevées ſeulement à quatre pouces du tapis, & garnies de couſſins qui vous dérobent, pour ainſi dire, à la vue des ſpectateurs ; tantôt ce ſont des cabriolets complaiſants, & des chaiſes longues, non moins officieuſes, où l'on peut varier ſes attitudes à l'infini, & ſe renouveller aux yeux ennemis de l'uniformité des mouvements. Je ne dois pas non plus oublier de vous dire que ſur les étoffes chamarrées, que le goût a tendues dans la plupart des appartements, ſe trouvent placés des tableaux dont les caracteres motivés diſpoſent l'ame à écouter le langage ſéducteur dont elle a contracté l'habitude. Les oiſifs, dont l'impoſture eſt toute l'occupation, y prennent des idées qu'ils donnent pour des ſentiments. La ſéduction les écoute, & leurs triomphes ne les étonnent point. Ces hommes dangereux puiſent ſouvent leur audace triomphante dans les exemples séducteurs de l'Art.........

J'allois terminer ma lettre, Madame, lorsqu'on m'annonça M ***; vous le connoissez. Il n'est pas plus que moi l'admirateur de notre Misanthrope : nous raisonnâmes sur ses principes. Pour m'en faire mieux sentir l'erreur, il me proposa de me conduire à la maison de la petite **, que j'avois entendu louer par le Comte, & que je ne connoissois point. Ce seroit ici le cas de dire : *jamais le mauvais goût n'a tant déraisonné*. Je m'imaginois au moins trouver quelques lueurs, quelques apparences, quelques fantaisies un peu capables de justifier le caprice de l'imagination. Daignez considérer, sans impatience, le bizarre tableau que je suis obligé d'offrir à vos regards. Cette maison, occupée par une Nymphe aimable, consacrée à la gaieté, par son état & par son goût ; cette maison, dis-je, est située dans un quartier éloigné du centre de Paris. J'aurois cru, au premier aſpect, que M ** me menoit à l'Égliſe, ſi je n'avois ſu qu'il fait de meilleures plaiſanteries. Une grille au lieu de mur, ſur la rue, me fit appercevoir un avant-corps à colonnes coloſſales, élevé ſur un aſſez grand perron, & couronné d'un fronton qu'accompagnent des ſtatues. Dans le fond, on remarque une porte à plate bande. Nous entrâmes dans une cour aſſez petite, mais réguliere; & de-là dans un appartement à rez-de-chauſſée, dont chaque piece a une décoration qui eſt d'un ſtyle ſi ſimple & ſi grave, que le tout paroît à peine convenir à la réſidence d'une de nos Dames de Paroiſſe : les meubles ſont preſque tous à la Capucine. Le nombre des glaces en répare mal le triſte effet; & juſqu'au ton des lambris, tout y afflige l'ame.

Voilà, Madame, les objets auxquels le Comte accorde ſon ſuffrage. Vous jugez, d'après cela, qu'il n'y a que sa critique qui puisse honorer? Grace à son mauvais goût, le jeune Architecte, qui a donné cet exemple dangereux, pourra douter des bornes de son génie, ou de l'excès de sa singularité.

Vous vous imaginez que notre séance ne fut pas longue. On a bientôt critiqué ce qu'on méprise. Nous prîmes le chemin des Tuileries, toujours en nous entretenant du Comte; & comme je lui avois entendu parler assez lestement du Portail de Saint Roch, que je n'avois jamais beaucoup considéré, je priai M** de prendre par la rue Saint-Honoré, pour nous arrêter devant cet édifice. Je suis obligé de vous avouer, Madame, que votre Aristarque me parut ici un homme bien étrange. L'élévation du sol de l'Église, sur celui de la rue, me frappa, & me porta à l'admiration de l'ordonnance. Je fus enchanté, sur-tout, de

la

la forme pyramidale que l'Architecte a préférée. Je goûtai beaucoup les ressauts que forment les colonnes & leur entablement. La sculpture m'en parut charmante, & les Armes du Roi placées au sommet de cet édifice me semblerent couronner dignement tout l'ouvrage. Je fis dans ce moment une réflexion. Comment les Architectes de nos jours ont-ils si peu su profiter des exemples de leurs prédécesseurs, ou ont-ils dédaigné de les suivre ? Cette inertie, ou cet orgueil devenu épidémique ne contribue pas peu à inspirer, à nos prétendus Amateurs, le simple au lieu du composé; les lignes droites, plutôt que les lignes contournées; enfin, ces formes exactement symmétrisées qui ne procurent communément aux spectateurs que du dégoût & de l'ennui. Plaignons les personnes de goût, obligées d'entendre des raisonnements fondés sur de pareilles maximes. Nous sommes, vous

& moi, condamnés à ce malheur, puiſque le Comte exiſte; mais la critique & la plaiſanterie ſont un remede à l'ennui que cauſe un faux raiſonneur : j'ai voulu vous le procurer.

J'ai l'honneur d'être, &c. &c.

LETTRE XXVIII

De la Comteſſe de Vaujeu, au Comte de Saleran.

VOTRE Lurçai eſt admirable. Si je ne craignois de vous faire penſer que j'aime à être maîtriſée, j'oſerois vous avouer que ſon ton impoſant m'a preſque ſubjuguée moi-même. Savez-vous, mon cher Comte, que vous êtes très-ridicule & très-coupable aux yeux de la cabale? Par indifférence, vous pourriez n'y pas aſſez réfléchir; par vanité, je me plais à vous y faire penſer. Vous diſtinguer, comme je fais, devient un titre de gloire pour moi. Il eſt flatteur de juger mieux que les autres. Je m'imagine voir la Marquiſe faire courir la lettre, & courir après elle. Et les automates ? Communément ils ne ſont pas légers ; ceux-ci ſont très-lourds..... Je voudrois, pour beaucoup, avoir vu les trois perſonnages au moment que leur ſonge a diſparu. Lurçai eſt un enchanteur très-digne de réveiller les perſonnes qui rêvent.

Je ne vous demande point la lettre qu'il a fait courir en dernier lieu, parce que je m'imagine qu'elle ne contient que le mot de l'énigme, & qu'elle n'a que l'interêt du dénouement ; mais je voudrois avoir de vous une critique raiſonnée de tous les points que contient celle que le prétendu Amateur a adreſſée à la Marquiſe. Le champ eſt vaſte. Ma reconnoiſſance ne craindra point d'en meſurer l'étendue, quand vous l'aurez parcouru pour moi. Je veux jouir de toute votre vengeance, & de tout l'éclat de vos lumieres. Je ſuis un peu jalouſe de Lurçai. Il me ſemble que mon amour-propre exige que je faſſe auſſi quelque choſe pour votre gloire ; & je m'imagine qu'une lettre de vous, montrée diſcretement à deux ou trois amis ardents & éclairés, pourra donner un nouveau prix au chef-d'œuvre de Lurçai. Je m'attends à éprouver tout l'effet de votre complaiſance, & à recevoir des inſtructions dont je ne ſerai pas moins touchée.

LETTRE XXIX

Du Comte de Saleran, à la Comteſſe de Vaujeu.

JE n'ai de volontés que les vôtres. Vous me demandez un ouvrage : je ſuis toujours prêt à écrire pour vous ; c'eſt varier la façon de vous dire que je vous adore. Mais, quand j'envisage un travail comme un plaisir, je puis exiger un peu de complaisance. Vous n'êtes point faite pour condamner le principe. J'exige donc que ma lettre ne soit que pour vous. Je n'ambitionne d'autre gloire que celle de vous plaire : les services que vos amis pourroient me rendre donneroient trop de publicité à mes foibles avantages. La délicatesse & l'amour sont des êtres solitaires.

Dès que vous permettez à mon zele de s'animer, & à mon amour-propre d'aspirer à vous instruire, il faut, comme je l'ai dit, que mon épître soit un ouvrage, & que cet ouvrage ait le caractere & la longueur d'une dissertation. Je ne pourrai vous épargner, autant que je le voudrois, certains détails sérieux, & les termes de l'Art sur-tout ; heureusement vous les savez en partie : je m'imagine que d'avance vous excusez tout. Pour donner plus d'intérêt à ma dissertation, je vais feindre d'oublier que la lettre de l'Amateur à la Marquise n'est qu'un jeu de l'imagination. Je paroîtrai combattre un esprit convaincu. L'illusion ne peut produire qu'un très-bon effet. Je commence.

L'Amateur vante emphatiquement l'intérieur des appartements de l'Hôtel de T***, aujourd'hui l'Hôtel R***, & non l'Hôtel M***, Fauxbourg Saint-Germain. Ignore-t-il que ces décorations ont été faites il y a près de trente années, temps où la plupart de nos Architectes avoient la tête tournée ? Et je le prouve malheureusement, par le plus grand nombre des édifices élevés dans ce quartier de Paris, depuis 1720, jusqu'à-peu-près en 1750. Dans ce temps de ténebres & de vision, les le Roux, les le Grand, (18) les Tannevot, (19) ne sachant guere que faire des plans, eurent recours au prestige des embellissements, & s'adresserent aux Pinault, aux Meissonnier, aux Lajoux, qui, dans la suite, eurent des imitateurs dans les Mondon, (20) les Cuvillier (21); & ceux-ci acheverent d'introduire le mauvais goût dans les ornements, conséquemment dans l'architecture.

Quoique je m'exprime avec ce ton de sévérité, je suis bien éloigné de refuser du génie aux trois premiers inventeurs du genre pittoresque. Ce genre agréable pouvoit entrer, comme les Arabesques, dans l'embellissement de quelques pieces destinées à l'amusement & à la galanterie. L'abus qu'on en a fait ne détruit pas le mérite de l'invention. Nous serions encore reconnoissants, si nous n'avions pas été enthousiastes. Il falloit éviter d'introduire ce genre dans les lieux où la décence, le style grave & la simplicité des formes doivent prévaloir; & tout eût été dans l'ordre.

l'Amateur m'a fait rire, quand je l'ai vu se récrier avec transport sur le mépris des lignes droites, sur l'irrégularité des plans, sur l'inobservance des regles dans les élévations si multipliées à l'Hôtel de T***. Je ne suis plus surpris qu'il s'extasie en voyant cet assemblage indiscret d'ornements de tout genre, si peu faits pour être réunis dans une même décoration ; & je le suis encore moins qu'il applaudisse, d'aussi bonne foi, aux contours ridiculement contrastés, goût extravagant qui n'a été que passager. On doit abhorrer la symmétrie, l'économie des idées, les loix de la convenance, lorsque l'on n'a qu'une tête emportée par un faux délire. C'est de cette source qu'est né l'amour des palmettes, des guirlandes, des rocailles, des pagodes, des dragons volants réunis sans cesse avec de jolis sapajous, dans l'Hôtel où je promene vos regards étonnés. Que dire encore de ces riens ingénieux, assortis aux cadres chantournés, & aux principales moulures des panneaux, dont le plus grand charme est de n'avoir ni commencement ni fin ? Certainement les le Brun & les le Pantre (22) frémiroient, si renaissants pour être outragés, ils pouvoient lire cette apologie barbare. Je serai cependant de bonne foi. L'Amateur a à-peu-près raison, lorsqu'il dit que l'ordonnance des pieces d'un appartement doit être assortie à leur usage particulier ; mais que bientôt après il relegue le style grave dans l'appartement des vieux époux, c'est dogmatiser l'indécence. L'article des meubles & celui des tableaux ne sont guere plus excusables. A chaque ligne on lit une erreur, & cette erreur semble déposer contre les mœurs de celui qui écrit autant que contre son goût. Le cœur paroît aussi corrompu que l'esprit est mal instruit.

Rassuré contre l'étendue de cette lettre, je passe à l'examen de la petite maison dont il parle. J'ai loué quelquefois cette maison, vous vous le rappellez peut-être ? L'ignorance me reproche mon plaisir, & me cite à son tribunal ! Je veux bien m'y présenter. Il faut triompher par l'humilité même.

L'Amateur, à l'aspect de cette demeure, crut qu'on le menoit à l'Eglise, parce qu'il vit un avant-corps formé par des colonnes d'un certain diametre. Peut-être en effet cette architecture est-elle un peu grande ; mais quelle différence entre cette ordonnance véritablement louable, & tant d'autres élevées au commencement de ce siecle, dont les colonnes ont à peine dix-huit pouces de diametre, couronnées par des entablements tronqués, & sur la plupart desquels on remarque des balustrades gigantesques, couronnées à leur tour par des vases ou des trophées qui n'ont aucun rapport avec les dimensions du bâtiment ? .... Notre Critique n'est pas plus content de la décoration des dedans. Il s'attendoit à trouver un séjour embelli par les Graces ; il ne voit que des formes simples ; la beauté des proportions ne peut rien ſur lui ; tout juſqu'au ton des lambris bleſſe ſon goût & attriſte ſon ame. Je pourrois lui dire, vous faites le même effet ſur moi, mais je vous en remercie. La révolution que j'éprouve en vous liſant, eſt la preuve la plus ſûre de la délicateſſe de mon goût.

Me voici enfin arrivé à ce portail de Saint Roch, dont il dit tant de bien, dont tant de gens furent long-temps enchantés, & dont j'ai le malheur d'être ſi peu content. Il fait une remarque fort juſte, en faveur de l'inégalité heureuſe qui ſe trouve entre le ſol de l'Egliſe & celui de la rue. Il ſeroit à ſouhaiter en effet que nos Temples jouiſſent tous de cet avantage, que la ſeule diſpoſition du terrein a procuré à l'Architecte ; mais combien d'erreurs font oublier le mérite de cette premiere réflexion ? Peut-on raiſonner plus inconſéquemment ſur la prétendue beauté de l'ordonnance de cet édifice trompeur !... Ici j'interroge l'Architecte. Pourquoi deux ordres dans le portail d'une Eglise, dont l'intérieur monte de fond dans toute sa hauteur, pendant qu'aujourd'hui, dans nos bâtiments d'habitation, on en place un seul qui embrasse plusieurs étages ? C'est renverser l'ordre des choses, & oublier que le premier mérite de l'architecture est d'assigner un caractere distinctif à chaque genre d'édifice. Ces deux ordres, à la vérité, avoient été employés bien avant 1739, année où le portail de Saint Roch fut élevé. Ils l'avoient été aux Minimes par Mansard (23), & à Saint Gervais par Desbrosses (24) : dans ce dernier même, on en remarque jusqu'à trois ; mais alors on n'avoit pas encore pensé, comme on l'a fait depuis, si sagement & si naturellement, qu'un édifice sacré ne doit rien avoir de vulgaire. Aussi les deux édifices que je viens de citer n'égaleront-ils jamais en beauté les nouveaux portails qu'on érige à Sainte Genevieve & à la nouvelle Paroisse de la Magdeleine....

Autre abſurdité ! Pourquoi un ordre dorique ſurmonté d'un ordre corinthien ? (Erreur qui frappe également dans le portail de l'Oratoire.) On répondra que Manſard, aux Minimes, a paſſé tout auſſi bruſquement du ſolide au délicat. Cela eſt vrai ; mais quelle différence d'avoir, au lieu du corinthien, employé le compoſite ; & avec quel art d'ailleurs cet Architecte célebre n'a-t-il pas ajuſté ſon ordre grec pour lui faire ſupporter l'ordre romain ? Ici ces deux ordres ſont pauvres, incorrects, négligés, & ſemblent être élevés par un maçon.

L'Amateur me confond, lorſqu'il s'extaſie devant ces reſſauts multipliés, qui s'accordent ſi mal avec la virilité de l'ordre dorique, la premiere belle production des Grecs. Il m'étonne à-peu-près autant, lorſqu'il admire l'arcade du milieu, qui n'étant que médiocrement bien, ſe répete mauſſadement en tours creuſes dans les collatéraux,

& renferme, plus ridiculement encore, des portes bombées du plus mauvais goût. Ajoutons qu'au-deſſus on remarque une ſculpture beaucoup trop petite, & d'une exécution auſſi médiocre que l'architecture qui la reçoit. Je ne puis faire plus de grace à la colonne accouplée avec le pilaſtre dans les angles de cet édifice, eſpece de liberté condamnable, & qu'on ne devroit jamais prendre, ſur-tout dans les objets de décoration, parce qu'ils ne ſont introduits dans l'architecture que pour plaire aux yeux délicats & aux perſonnes intelligentes. N'y a-t-il pas encore un très-grand ridicule dans cet aſſemblage indiſcret de membres déplacés, d'ornements poſtiches & épars, qui n'ont aucune affinité avec le choix de l'ordonnance & le caractere du monument?

Le ſecond ordre n'eſt ni plus eſtimable, ni de meilleur goût. Une grande arcade trop baſſe décore l'entre-colonnement du milieu. Un ordre corinthien, qui ne se manifeste que par son chapiteau, d'une assez médiocre exécution, & dépourvu de cannelures, ainsi que le soffite de son entablement l'est de ses cassettes, acheve de rendre cette ordonnance médiocre & indigente. L'ordre dorique qu'on remarque au-dessous n'est pas moins ridicule, & ne differe du Toscan, dans sa simplicité maussade, que par la distribution des mutules & des trigliphes de son entablement.

Il reste les Armes du Roi, placées dans le timpan à ressauts du fronton. Mon judicieux antagoniste en paroît plus épris que de tout le reste. Vous n'en serez pas étonné, quand je vous dirai que cet objet particulier est le plus ridicule de tous par sa pesanteur; pesanteur qui rend insoutenable la petitesse des Anges placés sur les corniches rampantes du fronton.... Je ne suis ni assez mal-adroit, ni assez généreux pour paſſer ſous ſilence les conſoles renverſées qui accottent la partie ſupérieure de ce portail, leſquelles viennent ridiculement s'enrouler contre des piedeſtaux, dont la petiteſſe ſemble à peine pouvoir ſoutenir les grouppes de figures qui les terminent. Si j'ai jamais occaſion de vous parler de l'intérieur de l'Egliſe, je reviendrai à ce portail, devenu ſi intéreſſant pour moi, par le plaiſir de confondre la malignité & l'ignorance.

Adieu, belle Écoliere, je ſuis las d'écrire, & beaucoup plus de critiquer. La douceur de mes ſentiments perfectionnant tous les jours mon caractere, je voudrois n'avoir jamais qu'à louer.

LETTRE

LETTRE XXX

Du Chevalier de Derville, au Comte de Saleran.

VOUS moralisez avec une grace infinie. J'ai lu vos vers à tout le monde, & n'ai trouvé personne qui ne m'ait félicité d'avoir en vous un sermonneur aussi agréable. Mon cher Comte! la folie ne seroit-elle qu'un systême? Je suis un peu vieux, pour changer d'habitude; mais il me semble que vous m'apprenez du moins à parler aux personnes égarées. Je me peins d'avance l'air satisfait de la belle Comtesse, lorsqu'elle entendra cet aveu. Vous m'avez mis à portée de lui faire ma cour d'une maniere toute particuliere, & cette idée augmente mon obligation. Je ne distingue & ne goûte aucune femme autant qu'elle; elle ressemble à la raison embellie par les graces de votre eſprit. Je vous prie, mon cher Comte, de permettre que je prenne un intérêt très-vif à ſon bonheur. Quelques inquiétudes qu'elle n'a pu me cacher, m'ont appris combien ſa deſtinée dépendoit de vous : je vous avoue (un peu témérairement, ſi vous voulez) que vous déshonoreriez tous les dons qui vous ont ſoumis ſon cœur, s'ils avoient troublé ſon repos ſans aſſurer ſa félicité. Jugez des droits d'une femme qui arrache cette réflexion à un homme qui ne prend jamais la peine de réfléchir, que pour ſe ſouſtraire plus parfaitement à la raiſon ?

Recevez avec confiance le ſerment d'un attachement inviolable.

LETTRE XXXI

De la Comtesse de Vaujeu, au Comte de Saleran.

AYEZ la bonté de m'estimer assez ; pour ne pas craindre de m'envoyer des volumes aussi intéressants & aussi instructifs que l'est votre lettre. Je vous déclare que je ne serai jamais sûre de votre cœur, qu'autant que je vous verrai convaincu des qualités de mon esprit ; & vous ne pouvez jamais mieux le paroître, qu'en partageant avec moi les richesses du vôtre. Je vous gronde avec réflexion, & crois vous en montrer mieux ma reconnoissance. Je suis pourtant peu satisfaite de ma maniere de m'acquitter. Je voudrois vous payer en raisonnements, en réflexions profondes sur cet Art que vous avez si bien étudié ; mais je ne sais encore que ſentir. Vous m'avez démontré des défauts qui m'avoient fait illuſion. Il me ſemble que mon goût s'eſt perfectionné en deux heures. N'exigez plus que votre lettre ſoit un ſecret entre vous & moi ; non, je ſuis réſolue à vous déſobliger ſi vous perſiſtez. Je vois un bienfait dans l'indiſcrétion. L'erreur dont vous m'avez guérie eſt encore celle de beaucoup d'eſprits ; je dois inſtruire ceux qui m'intéreſſent : pourriez-vous me refuſer le plaiſir de vous avoir cette obligation ? Laiſſons les plaiſirs communs de la vengeance & de la victoire. Après avoir lu votre lettre, je ſuis aſſez fiere pour les dédaigner moi-même ; mais goûtons les charmes de la bienfaiſance. La ſupériorité doit regarder la modeſtie comme un écueil ; elle refuſe d'inſtruire, lorſqu'elle craint de ſe communiquer.

LETTRE XXXII

De la Comtesse de Vaujeu, au Comte de Saleran.

JE n'ai pas attendu votre réponse, & je ne puis me dispenser de vous en demander pardon. Les suites de mon indiscrétion sont affreuses. Imaginez-vous que je me suis mise dans le cas.... jamais je ne pourrai achever. C'est une étourderie, une témérité dont je ne puis trop m'accuser.... Vous sentez-vous bien capable de faire pour moi une chose extraordinaire ? Il faudroit que j'eusse, sur cette question, la réponse la plus positive, pour oser m'expliquer. Jugez de mon imprudence.... Écoutez, mon cher Comte, le mal est fait; je suis une étourdie, mais cette étourdie vous est chere. J'ai pris des engagements : il faut les remplir, ou je perds ma réputation. J'ai celle de vous plaire ; un refus me la raviroit à jamais : pourrez-vous y consentir ? Un mot, & je vous mets à portée de faire l'action la plus honnête & la plus flatteuse pour moi.

LETTRE XXXIII

Du Comte de Saleran, à la Comtesse de Vaujeu.

VOILA bien de la cérémonie, & bien du temps perdu. Savez-vous que je brûle d'impatience ? Qu'avez-vous donc promis ? Quelle opinion avez-vous de mon cœur ? Ces craintes me feroient douter de la sensibilité du vôtre... C'est quelque bagatelle, sans doute, que votre modestie évalue trop ; quelque petit sacrifice que vous allez exiger, & auquel je ne pourrai donner ce nom ? J'aurai la douleur de voir disparoître le ſonge le plus agréable. Connoiſſez la délicateſſe d'un amant ; il ne faut pas lui annoncer des plaiſirs ſupérieurs à ceux qu'on lui deſtine. Si ce que vous avez à me demander n'eſt pas d'une conſéquence égale à l'ardeur de vous obliger , j'aurai à me plaindre de vous ; vous m'avez trompé , & mes reproches ne ſeront pas plus modérés que mes regrets. Expliquez-vous ; mon ſang bouillonne ; j'ai penſé déjà deux fois demander mes chevaux, pour aller vous interroger : comment n'avez-vous pas prévu l'excès de mon impatience ? Ah ! que vous êtes encore loin d'aimer ?

LETTRE XXXIV

Du Comte de Saleran , au Chevalier de Derville.

NON, mon ami , vous n'êtes point un fou, puiſque vous connoiſſez les devoirs d'un amant. Qu'avec plaisir je vous vois occupé des miens ! Je sens tout ce que vaut une femme que son mérite place sous la protection d'un esprit aussi léger que le vôtre. Cet intérêt la loue mieux que mon amour. Je vous sais gré de la leçon que vous me faites ; vos inquiétudes justifient mon choix & mon ardeur. Non, elle n'aura jamais à se plaindre de moi. Le sentiment qu'elle m'inspire est un reproche de ma vie passée. Mon ami ! je jouis de ces erreurs dont elle m'a guéri. Sans mes remords, aurois-je l'audace de me croire digne d'elle ? Voyez-la souvent ; & parmi ces folies que vous rendez si agréables, reposez quelquefois son esprit sur l'hommage que je rends à ses vertus. Les hommes de votre caractere sont peut-être les meilleurs juges de l'amour d'un amant, & les plus sûrs garants auprès d'une femme, parce que, par habitude, ils ne croient point à l'amour ; & par penchant ils le condamnent. Je vous devrai beaucoup, si vous pouvez seconder, par vos soins, le desir que j'ai de la convaincre.

LETTRE XXXV

De la Comtesse de Vaujeu, au Comte de Saleran.

VOUS êtes en vérité trop aimable. Je n'abuserai jamais de votre complaisance; mais je ne confondrai plus la discrétion avec le scrupule; & cette distinction, que vous méritez, m'enhardira à augmenter le nombre de mes obligations. Je ne suis pourtant pas tout-à-fait tranquille sur l'engagement que j'ai pris; il est vrai que je ne pouvois guere résister aux importunités que j'ai éprouvées. L'opinion que l'on a de votre attachement pour moi y a donné lieu. Peut-être excuserez-vous l'effet, en faveur de la cause?

Vous connoiſſez le genre d'eſprit des perſonnes avec qui je ſuis particuliérement liée ? Le goût eſt leur mérite ; l'analyſe eſt leur plaiſir. Leurs connoiſſances n'ayant qu'une étendue bornée, elles ſont privées de la diſcuſſion des Beaux-Arts ; & leurs aveux continuels expriment leurs regrets. Le ſentiment ſemble deviner chez elles ; elles entrevoient des beautés & des défauts : mais lorſqu'il faut juger, la triſte nuit étend ſes voiles ; tout diſparoît ; il faut ſe taire & rougir.

Votre diſſertation leur a fait naître l'idée d'un dédommagement. Depuis qu'elles connoiſſent leurs beſoins, elles auroient pu recourir à des hommes profonds ; elles ſavent malheureuſement qu'on n'apprend rien de ceux qui ne ſavent pas inſtruire ; & la plupart des maîtres de l'art ſont privés de ce don précieux. La nature ajouta ce bienfait à tous les préſents qu'elle vous fit. Vous ſavez inſtruire comme vous ſavez plaire. Vous ne dites que ce qu'il faut dire ; vous unissez la clarté à l'économie ; vos raisonnements ont l'autorité des faits ; vous parlez à la raison comme à l'esprit ; vous donnez des plaisirs en donnant des leçons.

Mes amis enchantés de vous, ont desiré que vous m'accordassiez pour eux une étincelle de cette lumiere que, dans nos entretiens heureux, vous voulez bien partager avec moi. Ils ont pensé qu'on ne résistoit point au plaisir d'obliger ce qu'on aime ; & vraisemblablement ils ont cru que je vous aimois assez pour trouver l'art de vous séduire. Leur raisonnement, que j'ai très-bien supposé, m'a vaincue, je vous l'avoue ; j'ai cédé au penchant d'éprouver mon empire ; & tout en me disant que j'allois trop loin, j'étois flattée de trouver de l'impuissance à m'arrêter. Ce que l'on vous demande, c'est un jugement exact de quelques monuments qui frappent nos yeux tous les jours. Il eſt humiliant de ne voir que des yeux de la machine. Ayez pitié de mes amis ; & croyez-moi capable de ſentir mieux qu'eux tous, ce que vous aurez fait pour eux-mêmes.

LETTRE XXXVI

De la Marquiſe de Galeas, au Comte de Saleran.

ACCABLÉE ſous vos coups, Monſieur, je reſpire pour être vraie. Vous vous êtes vengé d'une femme que vous connoiſſiez mal ; il faut que vous liſiez dans ſon cœur. La conduite de Lurçai avec moi, eſt une témérité que je mépriſe ; mais cet homme téméraire a voulu ſervir ſon ami ; cet ami fut le mien : il a joui du mal qu'on cherchoit à me faire. L'erreur ſeule pouvoit le rendre capable de ce procédé ; je l'excuſe en l'accuſant ; je vais l'éclairer en me plaignant de lui ; je m'accuserai moi-même en me justifiant. Tout est obscurité dans le principe de mon malheur ; tout devient ressource pour moi, si ce malheur vous touche.

Je vous eus, Monsieur, les plus grandes obligations. La reconnoissance m'engagea si loin, que je fus obligée d'imposer des loix à mon cœur. Cependant je ne pus me contraindre qu'à-demi; votre ascendant l'emporta. Une indiscrétion involontaire devint bientôt une habitude agréable. L'espoir prévint la honte ; j'attendois un mot de vous ; vos yeux sembloient l'annoncer ; mon attente étoit toujours trompée. Un tel état cause de la surprise. Je vous examinai ; Lurçai me rendoit des soins ; je crus voir qu'il vous étoit suspect. J'écartai ce nuage. Le jour devint plus pur : il n'éclaira que mon infortune. Lurçai perdant ses espérances, prit le parti des ames communes ; il nourrit un ressentiment obscur ; & le projet qu'il vient d'exécuter en est la suite funeste; Je vous avoue qu'après m'être expliquée par l'éloignement d'un rival, je m'attendois à un aveu de votre part. Si l'honnêteté fait desirer d'être prévenue, l'amour fait abhorrer de n'être pas écouté. Votre attachement pour Madame de Vaujeu commença à être soupçonné. Mon imagination franchit bientôt les bornes où celle du public s'arrête. Je vis tout mon malheur. Furieuse & sensible, je ne cherchai point à raisonner; l'amour devint un délire; il imita la haine. Voilà, Monsieur, la source de mes torts avec vous. Vous les avez attribués à l'ingratitude? Ils n'étoient que l'effet du sentiment le plus absolu & le plus malheureux. Ils vous ont été exagérés par un esprit jaloux; vous les avez punis avec une rigueur qui m'a moins accablée que votre prévention.

Je ne sais, Monsieur, ce que je puis attendre de cette lettre; je sais ce que j'en dois craindre. L'intérêt de ma gloire n'a pu balancer celui de mon amour. Si vous êtes injuste envers moi, j'aurai du moins le droit de penser que j'étois digne d'un autre sort.

BILLET

Du Comte de Saleran, à la Comtesse de Vaujeu.

Vos amis estiment trop mes foibles connoissances ; mais leur erreur devient pour moi une occasion de vous rendre un hommage public. Je ne raisonnerai que sur l'avantage que cette erreur me procure ; & lorsque j'aurai satisfait leur fantaisie, ce sera à moi de les remercier. Je vais m'occuper de ce que vous desirez. Je vous prie d'être persuadée que vos craintes m'offensent. Je vous aime avec une tendresse qui ne me laisse rien imaginer de plus doux que de vous complaire ; & le bonheur de vous servir me touche autant que celui d'être aimé. Je vous quitte, pour hâter le moment où vous serez convaincue d'une vérité aussi importante pour moi.

LETTRE XXXVII

Du Comte de Saleran à la Marquise de Galeas.

Votre lettre, Madame, me cause un fort grand embarras. Vous faites une démarche à laquelle je ne puis être sensible ; & vous me témoignez des sentiments auxquels je ne puis répondre. Si vous m'aviez plus ménagé, l'embarras cesseroit. Je m'expliquerois en galant homme sur les circonstances qui m'éloignent de vous, & vous ont rendu coupable envers moi. Vous vous excusez par le délire ? Je me justifie par la la raison. Elle exige que je vous montre mon incrédulité & ma résolution. L'amour fut bien souvent le prétexte des fureurs ; comme artifice ou comme passion, il révolte également l'homme raisonnable. Voilà, Madame, le fond de mes pensées. Je ne sais ce que je dois croire de votre aveu ; & vous savez ce que je pense de votre conduite. Je m'imagine que vous voudrez bien m'épargner désormais, en vous respectant vous-même.

LETTRE XXXVIII

Du Comte de Saleran, à la Comtesse de Vaujeu.

JE ne suis qu'un soldat, & je n'ai que du zele. Je pourrois appliquer à ma situation ce vers d'une de nos tragédies. Mais vous desirez, vous ordonnez, & j'ai promis d'obéir. Je viens de rassembler quelques obſervations que j'avois faites autrefois, ſur les beautés innombrables que l'Art a répandues à Marly. J'ai cru devoir commencer mes remarques par cette belle & charmante demeure, parce que la belle ſaiſon eſt le moment le plus favorable à l'admiration de l'enſemble, & à l'appréciation des détails. Si mes obſervations produiſent l'effet que j'oſe en attendre, je vous conſeille, & vous prie d'aller, le cahier à la main, vous aſſurer de leur fidélité. Je n'ai pas tout dit; un Artiſte vous eût joué ce mauvais tour. J'ai cru ne devoir offrir à votre attention que les principaux objets.

Marly, que vous n'avez vu que par pure curioſité, & dans un temps où vous n'aviez encore que des yeux, Marly eſt, comme vous ſavez, une Maiſon Royale que Louis XIV fit élever, & aima toujours beaucoup. Il eſt à une lieue de Verſailles, dans une belle ſituation, à mi-côte, & contient environ trois mille ſept cents ſoixante-cinq arpents. Ce Monarque confia ſes idées à Jules-Hardouin Manſard, Architecte qui, fidele à lui-même dans toutes ſes productions, montra plus qu'aucun autre le véritable goût de ſon Art. Il fut chargé de l'élévation du Château & de la création des Jardins (*a*); & il réuſſit ſi ſupérieurement dans cette derniere partie, que quoique le Nautre, Artiſte célebre, qui a donné les plans

---

(*a*) Pluſieurs donnent ces Jardins à le Nautre. Ils ignorent qu'Hardouin Manſard profita du ſéjour de cet habile homme en Italie, pour en préſenter les deſſins à Louis XIV; & qu'ils furent acceptés & exécutés ſur le champ. D'autres prétendent qu'ils ont été plantés ſur les deſſins du ſieur Deuſé, Contrôleur de Saint-Germain-en-Laye, & enſuite de Marly. D'après les recherches les plus exactes, j'oſe aſſurer que cette merveille de l'Art eſt due à Jules-Hardouin, qui fut aidé du crayon de le Brun, l'homme de ſon temps qui raſſembla le plus de connoiſſances.

de presque tous ceux de nos Maisons Royales, & des plus belles maisons des environs de Paris, en ait fait autant de chef-d'œuvres, il faut convenir néanmoins que les Jardins de Marly l'emportent absolument, dans leur genre, sur tout ce que nous possédons en France, pour ne pas dire en Europe. Vous en serez moins étonnée qu'une autre, parce que je viens de vous apprendre que le même Artiste donna le dessin des Jardins & celui des Bâtiments, ce qui produit un ensemble & un accord qu'on ne voit presque jamais, lorsque deux hommes s'occupent séparément de ces deux objets. Je puis dire, sans enthousiasme, que cette réunion produit ici une espece d'enchantement. Pour en juger vous-même, parcourez, avant d'entrer dans le Château, la terrasse qui l'entoure immédiatement; placez-vous sur cette terrasse, en face du chemin de Saint-Germain-en-Laye; là, vous appercevrez la plus magnifique esplanade, tout à la fois enfoncée & découverte. Elle est enrichie de superbes pieces d'eau, d'où s'élancent des gerbes, & des jets d'une hauteur étonnante; spectacle qui reçoit un nouvel éclat des formes du périmetre qui les entoure, ainsi que des talus, des glacis, des portiques naturels & artificiels, & des escaliers en marbre qui les accompagnent. De ce même lieu, vous contemplerez un admirable point de vue, qui part de la cime des arbres & des charmilles plantés dans cette esplanade. Que ce tableau est frappant! qu'il est vivant! combien il rend sensible l'accord heureux des bienfaits de la nature unis aux beautés de l'Art! C'est là que vous jugerez de toute l'étendue du génie de l'ordonnateur. Vous vous rappellerez les beautés tristes que produit la situation de Versailles & de Trianon, dépourvus tous deux du site intéressant des environs. Ici tout parle à l'imagination, tout lui rit, tout la promene, ſans nuire à la contemplation ; on n'eſt jamais ſeul. J'oſe croire qu'il n'y a point d'ame aſſez froide, de cœur aſſez indifférent, d'eſprit aſſez borné, pour n'y pas éprouver les tranſports ſecrets & les ſentiments réfléchis qui forment la ſituation que je peins.

Voulez-vous jouir d'un nouveau coup-d'œil, non moins intéreſſant? Parcourez ſucceſſivement toutes les terraſſes qui ſe préſenteront à vous dans ce lieu découvert, en deſcendant de l'une à l'autre; & lorſque vous en aurez examiné les beautés différentes, placez-vous à l'extrémité de ces Jardins charmants, appuyée ſur la baluſtrade qui couronne le mur, au bas duquel eſt la piece d'eau nommée l'abreuvoir; delà regardez le Château amphithéâtralement élevé, & dans ſon véritable point de vue, ainſi que les douze pavillons, diviſés en deux rangs, qui, en terminant d'une maniere très-ingénieuſe la largeur de l'eſplanade, ſe grouppent, &

ſont ſuite avec lui. Ce Château eſt un pavillon quarré de vingt toiſes, en tout ſens. Les douze pavillons ſont auſſi quarrés, d'environ trente pieds de largeur, & diſtants à-peu-près de trente toiſes l'un de l'autre. Je reviendrai à ces objets, après vous avoir promenée dans les Jardins. A la droite de l'eſplanade, on admire encore un mail, au milieu duquel ſont placés des boſquets délicieux enrichis de baſſins, de nappes d'eau, de grands jets, & particuliérement de figures en marbre, entr'autres d'un grouppe d'enfants par Sarraſin, morceau inimitable; ainſi que d'un jeune Faune, par le Pautre, qu'on regarde comme ſon chef-d'œuvre, & qu'il fit à l'âge de dix-neuf ans. Je ſuis convaincu que ces boſquets, dans leur détail, enchanteront vos regards. La beauté des formes de chaque objet, l'entretien ſoigné des charmilles, la fraîcheur qu'on y reſpire, tout juſqu'aux tables de marbre, leurs bancs de même matiere, les consoles qui les soutiennent, sculptés avec un art admirable, tout y est fait pour étonner l'imagination & pour charmer les sens.

Vous ne serez pas moins enchantée des autres bosquets, placés à la gauche de l'esplanade. Entrez-y, en remontant vers le Château. Vous serez d'abord touchée des beautés simples & naïves que vous offrira le bosquet nommé l'amphithéâtre, ou la salle de Mercure. Vous n'appercevrez guere, il est vrai, que des gradins de gazon; mais que les formes en sont doucement contrastées! Que cette simplicité champêtre est estimable! qu'elle a de charmes lorsqu'elle sert, comme ici, à relever les ouvrages de l'Art que vous allez parcourir. Telle est, par exemple, la cascade de marbre blanc qui l'avoisine, cascade qui doit passer pour un chef-d'œuvre, dans son genre, non par la richesse des matieres, quoiqu'elle soit excessive, mais par la distribution de ſon plan, par la beauté des ſtatues, par la forme des vaſes, & ſur-tout par les eaux jailliſſantes, qui font ſentir tout le pouvoir de l'hydraulique. Vous trouverez enſuite le boſquet & la fontaine d'Agrippine, qui, par ſon élévation pyramidale, cauſe une ſurpriſe avouée par le goût; enfin vous remarquerez la ſalle des Muſes, du milieu de laquelle, s'éleve, dans un grand baſſin, un jet de ſoixante & douze pieds, & qui eſt enrichie, comme les boſquets précédents, de figures en marbre, de fontaines de métal, de vaſes, de verdure & d'ombrages qui invitent à la méditation.

En remontant vers le Château, vous remarquerez avec plaiſir les quatre ſalles de verdure, de charmilles récepées, & à l'extrêmité deſquelles vous trouverez les figures de Daphné, d'Apollon, d'Athalante & d'Hyppomêne, figures charmantes par la légéreté de leur compoſition. Mais ce qui vous cauſera un plaiſir vraiment ſenſible, c'eſt la fontaine nommée la fontaine des Vents, & située en face du Château, du côté opposé à celui que nous avons parcouru précédemment. Cette fontaine produit encore le plus grand effet; je dis encore, ce mot doit être expliqué. Au-dessus de cette fontaine, où vous ne verrez qu'un tapis verd, de cent trente toises de longueur, étendu sur une pente très-considérable, étoit anciennement une cascade admirable, composée de soixante & trois gradins en marbre, cascade qu'on nommoit la riviere, parce que ses eaux, très-abondantes, étoient conduites de la machine placée sur la riviere de Seine; mais cette cascade, négligée pendant la minorité de Louis XV, fut détruite sous le Ministere du Cardinal de Fleury; dans la suite, lorsque le Roi voulut faire de fréquents voyages à Marly, on fut obligé d'ajouter un couronnement à la fontaine des Vents, & l'on chargea Coustou le jeune d'y exécuter un grouppe en marbre, représentant la jonction des deux mers, restauration qui a excédé la dépense qu'eût occasionné la réparation de la grande cascade, dont il ne reste (dans sa partie supérieure) que deux beaux grouppes en marbre, par Coisevox, l'un représentant la Seine, l'autre la Marne ; & trois têtes de monstres qui jettent une quantité prodigieuse d'eau, laquelle, en passant sous le tapis verd dont j'ai parlé, se distribue dans toutes les parties basses du Jardin.

Que l'idée de cette cascade étoit heureuse ! que je me sens invité à la regretter ! Elle annonçoit avec éclat l'abondance d'eau promise par la dépense, vraiment royale, de la machine de Marly (*a*). Aujourd'hui c'est un mys-

(*a*) Ses eaux sont amenées de la riviere de Seine, par un aqueduc de trois cents trente toises de longueur, soutenu par trente-six arcades, & terminé, dans ses deux extrêmités, par des pavillons qui servent de château d'eau.

tere, au lieu d'un ſpectacle.... Telle eſt la viciſſitude des choſes humaines! La jalouſie, l'économie ou l'ignorance, font détruire tous les jours les plus belles productions de l'art, pour y ſubſtituer des chimeres, ou des objets ſouvent très-médiocres (*a*). Cette réflexion, au reſte, eſt relative à pluſieurs monuments, plus qu'à Marly, qui s'eſt défendu aſſez généralement contre les ennemis dont je parle, & qui, dans ſon état actuel, eſt encore une des merveilles de l'univers.

Je ne vous invite pas à vous transporter dans les Jardins hauts de ce beau lieu, il eſt trop pénible d'y atteindre & de les parcourir; ils n'ont d'ailleurs rien d'intéreſſant que le bois du Champ-de-Mars, ingénieuſement percé, les trois grands réſervoirs qui, enſem-

(*a*) Ce qu'on a fait depuis quelques années, à la caſcade de Seaux, & dans les jardins de Liancour, ſert de preuves à ce qu'on avance ici.

ble, occupent environ cinq arpents; & la piece de verdure nommée le Belvédere, où l'on remarque deux grouppes de bronze, fondus par les Keller (25). Mais, avant d'entrer dans le Château, vous devez examiner le grand perron sur lequel il est élevé. Ce perron est orné de seize grouppes d'Enfants, & de huit Sphinx de métal, exécutés par Coustou (26), & l'Espingola (27). Il faut aussi que vous jettiez un coup-d'œil sur l'avenue qui conduit de Versailles à Marly, laquelle est ornée, du côté des Jardins, par deux pavillons, dont l'un est pour la Chapelle, l'autre pour la salle des Gardes, plantés en opposition à deux pareils pavillons, joignant un corps-de-logis qui sert de logement aux Seigneurs nommés à la suite de Sa Majesté. Je ne vous parlerai pas des bâtiments destinés au département de la bouche, ni de ceux qui contiennent les écuries & les remises. Ils sont ici comme par-tout ailleurs,

& n'ont guere pour objet que la commodité & l'utilité. Je les abandonne, pour examiner avec vous les façades du Château & sa distribution intérieure.

Vous savez, sans doute, que les murs de face ne sont que peints ? Lorsque Louis XIV eut approuvé les plans présentés par Hardouin, ce Monarque chargea le Brun (28) de présider à la décoration extérieure du Château & des douze pavillons ; & sous la conduite de cet homme célebre, ils furent exécutés, à fresque, par Rousseau (29), & continués par Meusnier (30), son éleve. Vous y verrez un grand ordre pilastre Corinthien, & au milieu de ses quatre façades, un avant-corps couronné par un fronton réel, & terminé par autant d'amortissements, sculptés par Mazeline (31) & Jouvenet. Des devises, des trophées, des médaillons & des cartels, placés avec goût & avec choix dans les entre-pilastres, au-dessus des croisées & des portes, achevent de rendre cette compoſition heureuſe & ſinguliere. Repréſentez-vous ces ornements, la plupart rehauſſés en or, & toute l'Architecture de marbre fin, d'une couleur agréablement variée ; & vous concevrez ce que durent paroître ces façades, lorſquelles ſortirent des mains des Artiſtes. Le temps, ſans doute, a détruit le preſtige de cette brillante décoration ? Mais, dans ſon origine, elle offroit aux yeux le Palais du Soleil ; les douze pavillons déſignoient les ſignes du Zodiaque, l'or & le marbre n'y étant pas plus épargnés qu'au corps principal. Ceux-ci ſont placés devant un bois de moyenne futaie, & accompagnés de treillages qui en facilitent la communication.

Le perron dont j'ai déjà parlé donne entrée, dans l'intérieur du Château, à quatre veſtibules d'une décoration d'aſſez bon genre. Ils ſont ornés, chacun, de deux tableaux de Vander-Meulen (32), ou de ſes meilleurs éleves.

Ces vestibules donnent entrée à un grand sallon quarré, dont les angles sont à pans coupés. Cette belle piece a quarante-huit pieds de diametre, sur quarante-deux d'élévation, & est revêtue de menuiserie peinte en blanc d'apprêt, & décorée d'un ordre pilastre Ionique, dans les intervalles duquel, sur les quatre faces principales, on remarque des portes vitrées, qui, des vestibules, donnent entrée à ce sallon. Dans les quatre pans coupés, sont autant de belles cheminées ornées de glaces. Vous concevez le reflet de lumiere qu'elles procurent, & combien le sallon est éclairé ! C'est dans cette vaste & magnifique piece que l'on se rassemble pendant les voyages. Elle est apperçue de quatre tribunes qui se trouvent placées dans l'attique. Celui-ci est enrichi d'autant de figures en gaîne, qu'il y a de pilastres Ioniques au-dessous. C'est par les croisées de ces quatre tribunes, & par autant d'œils-de-bœuf

bœuf placés au-dessus, que le sallon se trouve éclairé. Au-dessus des cheminées, sont placés des tableaux représentant les quatre saisons, par Antoine Coipel (33), Jouvenet (34), Boullogne le jeune (35), & la Fosse (36). Vous ne serez, sans doute, pas trop satisfaite de ces tableaux, quoiqu'ils soient d'un coloris vigoureux. Ils s'accordentmal avec la teinte blanche dont les lambris & les stucs sont imprimés. Le goût exigeoit des bas-reliefs. Vous n'aimerez pas plus à voir les quatre tribunes du premier étage, portées par des aigles, & ornées de balcons dorés. Il est vrai que toute la sculpture en est précieuse, ainsi que celle des figures en gaîne, sculptées par Van-Cleve (37), Hurtrel (38), & Coustou; mais elles paroissent, en général, trop petites pour l'espace qui les reçoit. Au reste, ce sont ici des taches très-légeres. Vous n'en admirerez pas moins les dimensions, la grandeur, & tout ensemble la ſimplicité de cette belle piece. Vous ſerez ſur-tout frappée de la maniere ingénieuſe dont Hardouin a ſu l'éclairer, par une terraſſe extérieure qui regne dans tout ſon pourtour, lorſque vous verrez que c'eſt ſans nuire à la diſtribution des appartemens du premier étage. Vous trouverez dans ceux-ci, entr'autres, quelques bons tableaux de Natoire (39), les ſeuls, peut-être, ſi l'on en excepte ceux qui ornent un des ſallons de l'Hôtel de Soubiſe, qui ſe ſoient conſervés tels qu'ils ſont ſortis de deſſus ſon chevalet.

Je ne crois pas devoir vous parler des quatre appartements du rez-de-chauſſée qui, à l'exception de celui du Roi, ont ſouffert beaucoup de changement depuis que ce Château a été bâti. On a été obligé de pratiquer des entre-ſols au-deſſus de ces appartements, pour ſe procurer des commodités dont nous ſommes devenus idolâtres, & que nos prédéceſſeurs négligeoient un peu trop;

négligence qu'il faut reprocher aux Architectes, encore plus qu'aux propriétaires.

Je finis mes observations avec regret. Pénétré des merveilles qui m'ont toujours frappé à Marly, j'aurois un plaisir inexprimable à m'y promener avec vous. Là, payant un tribut à chaque objet particulier, je fixerois, tour-à-tour, vos yeux sur la beauté des formes, sur le choix des matieres, sur le style de l'ordonnance. Le déclin du jour ameneroit un enchantement nouveau. Lorsque le repos de la nature commence le regne du silence, je vous inviterois à admirer le site des environs. Vous verriez combien leur coup d'œil pittoresque sert à relever la symmétrie réfléchie de ces Jardins, le bel effet de leurs eaux, & la liaison, presque magique, de l'architecture, de la sculpture, & de l'art du jardinage; objets réunis ici par le goût & par le génie.

LETTRE XXXIX

Du Marquis de Lurçai, au Comte de Saleran.

JE vais vous apprendre une nouvelle qui vous paroîtra tout aussi extraordinaire que le procédé de la Marquise avec vous. Depuis que vous aimez la premiere femme de la terre, vous ne voyez peut-être plus les autres femmes qu'avec une indifférence qui dédaigne de les définir ? La Marquise n'est pas même un sujet d'exception ; & depuis que je vous ai vengé d'elle, son nom est vraisemblablement effacé de votre souvenir ? Il faut cependant que vous daigniez descendre jusqu'à elle, & que son extravagance vous soit connue. Votre intérêt peut exiger cet effort.

Depuis plusieurs jours, elle est renfermée chez elle. J'ai voulu savoir quel étoit le motif de sa retraite ; je l'attribuois assez naturellement à la petite correction qu'elle a reçue de nous. J'ai vu que je ne connoissois encore qu'imparfaitement les ressources de ce sexe inventif. Le vieux Marquis, qu'elle reçoit, & qu'elle a pris pour confident en faveur de sa bonne réputation, m'a appris, lorsque je l'ai interrogé, qu'elle prononçoit mon nom avec horreur, & le vôtre avec un intérêt mêlé de larmes. Elle jure qu'elle vous adore, qu'elle me déteste, qu'elle n'a fait que la moitié du mal dont je l'ai punie, qu'elle l'a fait par amour, que je vous l'ai exagéré par jalousie ; & qu'elle mourra enfin de douleur, si elle ne parvient à émouvoir votre ame.

Ne trouvez-vous pas cet expédient tout-à-fait singulier ? Serions-nous capables d'en imaginer de pareils ? Mon ami ! il faut nous humilier devant nos maîtres. Je vous laisse faire sur tout cela les réflexions auxquelles on se sent engagé par la probité même ; une telle fausseté révolte & fait trembler. Heureusement des femmes aussi hardies ne ne sont pas communes. Je ne doute pas que celle-ci n'ait des projets, dont l'exécution pourra devenir pour vous un sujet d'embarras.

LETTRE XL

Du Comte de Saleran, au Marquis de Lurçai.

JE savois la nouvelle que vous avez cru m'apprendre. La Marquise n'a pas craint de m'écrire. Cet amour faux, dont son imagination lui a suggéré l'idée, a été exprimé avec audace dans une lettre dont je frémis encore. J'ai répondu avec la tranquillité du mépris, & je me suis fait violence. Le courroux me fournissoit des expressions que je sacrifiois avec scrupule. On accorde trop aux femmes méprisables, en faveur de leur sexe.

Je ne vois pas ce que vous pouvez craindre pour moi, des projets qu'elle auroit la témérité de former. Mon cœur fermé à ses artifices ne peut s'ouvrir qu'à la haine. Je fus insensible à ses charmes, lorsqu'ils n'étoient pas obscurcis par le vice; je l'obligeois tous les jours, & ne songeois pas à lui plaire. L'état de dégradation où je la vois me feroit-il ou d'autres yeux, ou d'autres sens? Je suis devenu incapable de fantaisies; & les plus basses, sur-tout, n'ont rien que je puisse redouter sans foiblesse. L'amour s'offenseroit de mes alarmes.

Adieu. Nous connoissions l'intrigue surnaturelle de tant de femmes dévouées à l'imposture; mais, après ce qui nous arrive, nous pouvons dire que notre expérience commence aujourd'hui. La mienne contribuera fort à celle de la Marquise, si elle a osé se flatter de m'abuser, ou de me séduire.

LETTRE XLI

Du Marquis de Lurçai, au Comte de Saleran.

JE perdis mon temps la derniere fois que je vous écrivis ; vous étiez inſtruit avant moi de ce que je croyois vous apprendre ! Je réuſſirai mieux aujourd'hui : à coup ſûr, je vais vous étonner. Oui, malgré tout ce que nous avions pu éprouver ou découvrir juſqu'à ce jour, notre expérience n'étoit pas commencée. Votre réflexion eſt humiliante, & n'en vaut que mieux. Il faut, puiſque nous pouvons être trompés, que nous nous pénétrions de la chimere de notre orgueil, & que nous ſentions vivement le beſoin de nous inſtruire.

La Marquiſe me fit prier, hier au ſoir, de paſſer chez elle. Je m'y rendis, étonné de l'invitation. Je trouvai un visage si nouveau, que je n'aurois pu me dispenser de le croire composé, quand même je n'aurois eu aucun soupçon sur le caractere. La Dame étoit étendue sur une chaise longue, feignant de souffrir beaucoup, & voulant paroître plus occupée de ses pensées que de ses maux. Une tristesse sombre régnoit dans ses yeux; la respiration étoit pénible, la pâleur sembloit annoncer un cœur flétri par la douleur. On fixa sur moi de grands yeux presque éteints, & l'on me dit : j'ai souhaité de vous parler, Monsieur; les circonstances m'en font une nécessité. Nous sommes ennemis, après avoir été liés par un sentiment moins cruel. Cet entretien doit vous étonner autant qu'il m'humilie. Il faut que j'intéresse un homme que je dois haïr; il faut que vous obligiez une femme que vous avez outragée. Rappellez-vous, Monsieur, ces moments où les vœux de votre cœur furent de toucher le mien. Vous n'auriez pu prévoir alors que vous feriez capable de percer ce cœur où vous vouliez régner ? Un penchant insurmontable m'obligea de résister à vos soins; je fus honnête avec vous, ne pouvant être sensible. Vous n'écoutâtes que votre orgueil, (car l'amour sans l'orgueil ne seroit jamais barbare) vous ne pensâtes qu'à vous venger ; & votre projet exécuté depuis, m'a appris que vous étiez capable d'en former de plus cruels. J'en appelle, Monsieur, au tribunal de l'honneur. Vous savez que vous m'avez fait plus coupable que je ne l'étois, aux yeux du Comte de Saleran ; vous savez que vous avez dissimulé les motifs de ma conduite, pour m'en prêter d'affreux, que je ne pouvois avoir ? Vous avez attribué à l'ingratitude les effets de la jalousie, pour me perdre dans l'esprit d'un homme dont le courroux autorisoit votre vengeance. Il faut, Monsieur, reconnoître l'autorité du tribunal auquel je vous cite ; il faut en prévenir l'arrêt ; il faut vous accuser. Ma douleur doit être votre moindre motif.

Je m'étois assis pour l'écouter. Je me levai lorsqu'elle eut fini, & prenant un ton bien conforme à mes idées, je lui dis en la fixant : j'ai, Madame, le plus grand respect pour les femmes, & la plus grande vénération pour celles qui savent se repentir ; mais je ne puis accorder ni à leurs charmes, ni à leurs remords même, le désaveu d'une accusation que me dicta la vérité. Permettez que je ne mente ni au Comte, ni au Public ; vous me mépriseriez, si j'étois assez foible.... Quoi, Monsieur, reprit-elle, en élevant la voix, vous avez la témérité de confirmer une imposture !.. Non, Madame ; mais je serois un imposteur aujourd'hui, si je vous disculpois aux dépens de la vérité. Et je me retire, pour ne pas augmenter le sentiment de vos torts, par le reproche de votre proposition.

Je me retirai, en effet, ayant beaucoup de peine à me contraindre, & ne pouvant pas mieux concevoir son audace que ma modération.... Après avoir ri de cette comédie, mal imaginée & mal conduite, vous porterez peut-être les yeux sur la coulisse, & vous chercherez à pénétrer ce qui s'y trame. Je renouvelle mes avis, parce que je sens ma crainte se confirmer par le pressentiment.

LETTRE XLII

De la Comtesse de Vaujeu, au Comte de Saleran.

J'AI promis de sentir mieux que mes amis le service que vous vouliez bien me rendre. Jugez de l'excès de ma reconnoissance. Ils sont pénétrés de votre procédé, & éblouis de l'éclat de vos lumieres. Nous ne cessons de parler de vous, depuis que nous vous avons lu. Vous êtes plus présent à notre esprit que ce beau lieu sur lequel vous avez promené vos regards avec tant d'avantage pour nous. Sentez-vous, lorsque vous nous instruisez, combien le mérite donne de supériorité ? Goûtez-vous, comme vous le devez, le plaisir de faire passer dans notre ame ces rayons si purs qui éclairent & échauffent la vôtre ? Je serois désespérée que vous ne connussiez pas ce bonheur ; il manqueroit alors beaucoup au mien. Ah ! mon cher Comte, je suis perdue, si je me livre à l'admiration que vous m'inspirez. On peut commander à son cœur avec un objet qui ne sait que plaire ; mais quel frein imaginer, lorsque l'enthousiasme du mérite anime à chaque instant l'estime & la tendresse. Il ne reste qu'une ressource, c'est la crainte. Faut-il l'employer contre vous ? Faut il penser que vous puissiez jamais blesser ce cœur que vous remplissez de tant de ſentiments ? Hélas ! ce n'eſt pas une queſtion : je n'ai pas la force d'en faire ; je ne ſonge qu'à aimer, qu'à vous le dire, qu'à vous mériter : mais interrogez-vous ſans ceſſe ; ſoyez moins foible que moi ; demandez-vous s'il eſt vrai que vous m'aimiez ? s'il eſt poſſible que vous m'aimiez toujours ? peignez-vous l'état, l'horrible état où je ſerois réduite ſi jamais..... Ah ! la plume tombe de mes mains ; les larmes coulent de mes yeux. Je m'arrête. La crainte de vous cauſer du chagrin, ſupplée ici à celle de vous donner trop d'avantage. Adieu. Mes amis attendent de nouvelles preuves de votre complaiſance.

LETTRE XLIII

Du Comte de Saleran, à la Comtesse de Vaujeu.

Tout entier à vous, n'ayant d'autres sentiments que ceux que vous daignez partager, d'autre occupation que les soins de ma tendresse, d'autre desir que la possession de vos charmes, voulez-vous que je m'interroge, que j'entre dans mon cœur, que je vous outrage par des craintes & par des recherches odieuses ? Non, cet effort surpasse mes forces, & ce soin est indigne de moi. Je suis sûr de vous aimer à jamais. Mes garants doivent être les vôtres. Connoissez-vous vos vertus ? Avez-vous une juste idée de vos attraits ? Soupçonnez-vous l'agrément de votre esprit ? Vous rendez-vous un compte exact de vos talents, & ce charme inexprimable répandu ſur toute votre perſonne ? Ce ſon de voix enchanteur ? Ce regard qui peint ſi bien l'amour ? ce teint qui efface la pureté du Ciel ? Ce caractere, cette humeur, cette ſenſibilité, cette égalité ſéduiſante, vous les repreſentez-vous ? en connoiſſez-vous le prix ? Ah ! ſi vous en avez la plus légere idée, pouvez-vous douter de la fidélité d'un cœur dont tous ces biens doivent être la récompenſe ?.... Écoutez, je vous ai toujours parlé de mon amour avec une modération proportionnée à mes craintes ; je me ſerois reproché de vouloir vous raſſurer par des deſirs : mais vous venez de vous livrer à vos ſentiments ? Mon imagination enflammée ne connoît plus de contrainte ; mon ſang bouillonne ; mon ame s'élance vers ce qu'elle adore, & s'y attache avec fureur ; mes deſirs ſont des cris ; mes vœux ſont des beſoins, mes mouvements ſont des accès. Je ne puis plus vivre ſans vous. J'acheve, en murmurant, un un ouvrage que j'entrepris avec tant d'ardeur. L'eſpace qui nous ſépare eſt l'immenſité de l'univers. Je me ſuis impoſé des loix trop ſéveres ; la délicateſſe m'a trompé ; la nature m'éclaire. Voilà mon dernier mot ; voilà cet homme dont vous doutez. Je veux bien vous attendre ; je veux bien vous devoir à votre conviction : mais ſongez à l'état où je ſuis, au ſacrifice que je fais ; & ne croyez pas que la raiſon puiſſe autoriſer le doute, après des procédés & des aveux ſi capables de le détruire.

LETTRE XLIV.

De la Comteſſe de Vaujeu, au Comte de Saleran.

Vos couleurs ſont trop vives. Je vous défends de pareils tableaux ; j'ai penſé n'avoir pas la force d'en détourner mes regards. Je ne veux pas être troublée, entendez-vous, entendez-vous bien ? Lorſque mon imagination s'égarera, lorſque je me livrerai trop aux expreſſions de mon amour, je veux que vous ayez l'honnêteté de me rendre à moi-même par des billets froids, ou par des lettres ſérieuſes. Telle eſt ma volonté. Je ſens que j'exige beaucoup ; mais je ſais que je puis un jour m'acquitter..... Je vous ai parlé pour mes amis, & vous n'êtes occupé que de vous ? Revenons aux Beaux-Arts, & laiſſons repoſer l'amour. J'imagine un moyen tout particulier d'éprouver votre docilité. Nous avons vu, avec le plus grand plaiſir, cette chaîne de beautés qu'offre le ſpectacle de Marly. Vos obſervations en augmentent les richeſſes. Mais je dois avouer que je ſuis tout-à-fait ignorante en Peinture ; les noms même des Peintres me ſont preſque entiérement inconnus. La complaiſance que vous eûtes pour moi l'année derniere, lorſque je vis votre belle collection à Paris, ne produisit qu'un effet momentané. Il faut des leçons multipliées & une mémoire très-locale, pour pouvoir retenir tant de noms & tant d'idées profondes. J'aurois une ressource, si vous n'aviez eu la cruauté de faire transporter ce beau cabinet à votre Château.... L'imagination vient à mon secours. Je vous prie d'entrer dans mes idées de dédommagement. Vous m'avez montré un catalogue. Ne pourriez vous pas me l'envoyer avec quelques notes ? Je voudrois apprendre d'abord ce qu'on entend communément par les trois Ecoles. Je voudrois savoir ensuite, quels sont les Peintres qui s'y sont le plus distingués. Vous ne pourriez croire combien je suis désespérée, lorsque je vais dans quelque belle maison, de ne pouvoir démêler, que très-imparfaitement, en quoi consistent les vraies beautés d'un tableau, & de ne pouvoir deviner quel en est l'auteur. Les notes que je vous demande me feront d'autant plus utiles, qu'on ne cesse de répéter autour de moi, que les cabinets de nos Curieux deviennent tous les jours plus rares, & que ceux qui attirerent long-temps l'admiration, ont disparu par la mort des propriétaires, & par le soin des étrangers à en recueillir les principaux tableaux. Le Marquis de***, à qui je fis part, il y a peu de jours, du desir que j'aurois d'acquérir quelques connoissances dans cette partie, m'offrit, sur le champ, de me conduire dans les appartements du Palais-Royal. Il me vanta beaucoup les chef-d'œuvres de Peinture qu'ils contiennent, & je les connoissois de réputation. Je l'en remerciai, avec l'intention de n'accepter sa proposition que lorsque j'aurois fait quelqu'étude. Mais me voilà dans un état de privation & d'impatience : n'aurez-vous pas pitié de moi ? Je ne veux avoir des obligations qu'à vous seul. Je vous offre, pour prix de vos peines, le plaisir de m'entendre, un jour, louer vos tableaux, autant que votre bienfaisance.

LETTRE XLV

Du Comte de Saleran, à la Comtesse de Vaujeu.

IL est aisé de vous satisfaire, il est doux de vous obéir ; mais savez-vous que vous me demandez un livre ? Peut-être l'avez-vous prévu ? J'approuve néanmoins le vœu que vous formez, & vais me mettre à l'ouvrage avec toute l'ardeur que vous avez lieu d'attendre de moi. Vous vous plaignez de la transplantation de mes tableaux ? Je n'eus jamais d'idée plus heureuse, puisqu'elle contribue aujourd'hui au bonheur d'acquérir un titre de plus auprès de vous. Je ne sens le plaisir d'être aimé, que comme un bienfait qui engage ma reconnoissance ;

& je saisis la seule occasion de m'acquitter que j'aurai de ma vie, en remplissant le desir que vous avez d'être instruite. Je vais donc promener vos regards sur des tableaux? Vos traits fixés sur la toile seroient d'un plus grand prix; mais vous ne voulez pas que le pinceau devienne le rival de la nature? Je plains les Peintres qui vous ont vue.

On comprend sous le nom des trois Ecoles, l'Ecole Romaine, l'Ecole Flamande, & l'Ecole Française. Je vous entretiendrai d'abord de la premiere, & successivement je ferai passer sous vos yeux les hommes qui ont illustré les deux autres.

Les plus habiles Peintres mettent Raphaël à la tête de l'Ecole Romaine, & conviennent que tous les Maîtres qui en sont sortis n'ont excellé dans leur Art, que parce qu'ils ont su se pénétrer des beautés répandues dans ses productions. Formés sur le goût de l'antique, ils ont su l'embellir encore par une heureuſe invention puiſée dans la poéſie, dans le ſentiment & dans les mœurs. Les Connoiſſeurs (*a*) ſont étonnés de la multitude d'ouvrages ſortis de cette

---

(*a*) En général on appelle Connoiſſeur, un homme qui juge ſainement des productions des Beaux-Arts, particuliérement de la Peinture ; & qui, avec un goût naturel, perfectionné par la fréquentation des Artiſtes, ſe forme à l'habitude de bien voir. Il ne faut pas confondre un Connoiſſeur, avec un Amateur & un Curieux. L'Amateur aime les Arts, ſouvent ſans s'y connoître. Le penchant, la lecture des Maîtres de l'Art, la critique, les voyages, l'impreſſion forte de quelques beautés, la découverte de quelques défauts, peuvent, dans la ſuite, le conduire à acquérir une connoiſſance vague. Rarement il va plus loin. Le Curieux differe encore plus du Connoiſſeur. Privé du goût & des lumieres il raſſemble des tableaux, des deſſins, des médailles, des gravures, ſans ſoupçonner ſouvent la néceſſité de conſulter. Il eſt preſque toujours content de ſon choix, en proportion de ſon erreur. Le faux talent eſt généralement certain de le ſubjuguer.

Ecole, dans lesquels ils admirent une touche facile, savante, correcte & gracieuse ; ils prétendent qu'elle a particuliérement excellé dans les airs de tête, dans la finesse, dans l'expression, & dans l'intelligence des contrastes ; ils ne lui reprochent guere que la négligence du coloris.

Les Provinces les plus considérables de l'Italie ont eu leur Ecole particuliere, & toutes ont mérité l'honneur d'être citées. Celle de Florence, par exemple, s'est fait distinguer par une imagination vive, noble & féconde, par un pinceau correct, par un style sublime ; Léonard de Vinci & Michel-Ange en sont regardés comme les fondateurs. L'Ecole Vénitienne, celle de Lombardie & plusieurs autres, se sont aussi rendues recommandables chacune dans son genre.

Je rassemble quelques observations que j'avois faites, sans prévoir qu'elles pourroient me devenir aussi utiles à moi-même. Heureux de racheter les jours que j'ai passés sans vous connoître & sans vous servir, par l'hommage des amusements & des occupations qui remplirent ces mêmes jours! Le premier courier vous apportera des preuves du sentiment qui m'anime, quand vous daignez m'offrir l'occasion de vous plaire.

LETTRE XLVI

De la Comtesse de Vaujeu; au Comte de Saleran.

JE vais compter les moments qui s'écouleront jusqu'à l'arrivée du courier. Je me fais d'avance une idée de ce que je dois recevoir; & je me compare à quelqu'un privé de la lumiere dès le berceau, dont l'intelligence auroit conçu les effets du soleil sur la terre embellie, & à qui l'on diroit: vos yeux vont être ouverts aux rayons du plus beau jour. La Peinture eſt un Art enchanteur. Les femmes auront toujours pour elle un goût de préférence. Quand j'aurai pu vous donner mon portrait & recevoir le vôtre, vous ſaurez pourquoi je ſuis ſi prévenue en ſa faveur. Mais ſoupçonner des beautés, & ſe défier de ſon goût, eſt un ſupplice lorſque l'on eſt ſenſible. Tel eſt mon état aujourd'hui. Vous allez m'apprendre à juger ! Vous allez m'apprendre à jouir ! c'eſt me donner la vie : on n'exiſte que par un ſentiment heureux. Tant de noms que l'admiration ramene ſans ceſſe dans l'entretien général, tant de chef-d'œuvres que l'amour-propre offre chaque jour à la curioſité, n'avoient, pour ainſi dire, du rapport qu'avec mes oreilles, ou avec mes yeux. Mon ame pourra déſormais trouver des jouiſſances dans la contemplation & dans le reſpect ? Je ſerai riche des tréſors de l'Univers ? Heureuſe des plaiſirs des imaginations tendres, le ſecret des enchantements me ſera connu ? Le charme des preſtiges ſe renouvellera ſans ceſſe ? toujours par-tout je pourrai ravir à l'être ſolitaire, & jaloux des tréſors que ſon ame dévore, le plaiſir barbare de jouir ſeul ?... Voilà de l'enthouſiaſme ! Je ne crains pas de me connoître. Vous attribuerez à la reconnoiſſance une partie de mes tranſports, & vous ſerez flatté d'un délire bien plus intéreſſant que la raiſon... Quelle heure eſt-il ?... Ma montre eſt trop fidelle. Vingt-quatre heures encore à attendre ! Combien de minutes dans une heure, & combien d'heures dans un jour !... Adieu. Je vous quitte : je ſens que j'extravaguerois tout de bon.

LETTRE XLVII

Du Comte de Saleran, à la Comtesse de Vaujeu.

QUE ne suis-je ce courier fortuné ! Mon imagination du moins a le plaisir de le suivre.... Votre lettre m'a enflammé ; j'ai écrit toute la nuit. En lisant songez, s'il est possible, au bonheur dont je vais jouir.... Je n'ai observé en rien l'ordre chronologique. A peine mes doigts pouvoient-ils obéir à mon impatience... Je n'ai pu vous sauver ni la répétition, ni la monotonie, inséparables d'un catalogue tel que celui-ci. Je dois m'en consoler. Dans la disposition où vous êtes, vous n'appercevrez pas les défauts dont je m'accuse.

Raphaël (40) eut en naissant le génie & le goût de la Peinture. Bientôt les dispositions les plus heureuses furent confirmées par le talent le plus extraordinaire. On remarque dans tous ses ouvrages une imagination féconde, une composition simple & sublime, beaucoup de correction dans le dessin, un beau choix, des graces & de la noblesse dans les figures, de la finesse dans les pensées, du naturel & de l'expression dans les attitudes. Peut-être son coloris n'égale-t-il pas celui du Titien & du Corrège, dont je vous entretiendrai bientôt; mais il n'en est pas moins un Peintre inimitable. Vous verrez des tableaux de ce grand Maître au Palais-Royal, & vous y admirerez son goût sûr, élégant & gracieux. Vous trouverez dans le même Palais & dans le Cabinet du Roi, des tableaux des maîtres qui vont suivre. Je ne renouvellerai pas cet avis.

Jules Romain (41) peignit long-temps d'après les dessins de Raphaël, son maître. Il prit ensuite l'essor, & il étonna par la hardiesse de son style, par l'élégance raisonnée de son dessin, par le feu de sa composition, par ses pensées poétiques, par la fierté & le terrible de son expression. J'ai lieu de croire que vous ne serez pas satisfaite de ses draperies & de son coloris; il semble même avoir ignoré l'intelligence du clair-obscur : mais, à cela près, l'on peut dire qu'il a mérité l'admiration la plus étendue. Il possédoit tous les genres, & aucun Peintre n'a mis, dans ses tableaux, plus d'esprit & plus d'érudition.

Le Primatice (42) avoit reçu de la nature un heureux génie & une forte disposition pour le dessin. C'est à cet habile homme & à Maître Roux, que l'on est redevable, en France, des progrès sensibles de la Peinture. Les Beaux-Arts même leur doivent une révolution qui décida de leur gloire & de leurs succès. On quitta la maniere gothique & barbare, pour étudier la belle nature & parvenir à la simplicité. Cet habile homme a mérité la réputation de bon coloriſte ; ſes compoſitions ſont ſpirituelles, & les attitudes de ſes figures d'un bon choix, quoique la plupart du temps il peignît de pratique. On voit beaucoup de ſes ouvrages en Italie, d'où il fut appellé par François I, pour les travaux de Fontainebleau. Ce Prince le nomma enſuite Commiſſaire-Général des bâtiments du Royaume. Il uniſſoit la qualité de très-bon Architecte à celle d'excellent Peintre. Le plan de l'ancien Château de Meudon, & le deſſin du tombeau de François I, à S. Denis, prouvent cette réunion de talents, & le degré de chacun des deux.

Léonard de Vinci (43) fut un de ces hommes que rien n'étonne, parce que rien ne leur eſt étranger. Les Sciences, ſi rarement unies aux Arts, s'accorderent en ſa faveur, & en reçurent un égal tribut. Il fut le concurrent de Michel-Ange, & partagea avec lui l'admiration des hommes éclairés. La Jalouſie le rendit mécontent de ſon partage. Il paſſa en France, & fut accueilli par François I, comme il méritoit de l'être. Le coloris de ce Peintre eſt généralement aſſez foible : il finiſſoit ſes tableaux avec tant de ſoin, qu'ils en devenoient ſecs ; mais vous remarquerez avec plaiſir qu'il avo[illegible]ait une étude particuliere des paſſi[illegible], & qu'il les rendit avec une vérité étonnante. Il y avoit d'ailleurs beaucoup de correction dans ſon deſſin, & autant de nobleſſe, d'eſprit & de ſageſſe dans ſa compoſition.

Michel-Ange (44), conſidéré ici comme Peintre, mérita la célébrité dont la durée s'appuie ſur chaque nouveau ſiecle. La Sculpture & l'Architecture ne contribuerent pas moins à ſa gloire. Je ne perdrai pas l'occaſion de vous faire admirer ſes différents talents ; je ne parle aujourd'hui que de celui qui eſt plus généralement connu. Sa maniere de peindre étoit fiere & terrible. Il aimoit les ſujets difficiles ; ſon goût étoit auſtere, ſouvent ſon coloris étoit dur : mais

mais quel feu dans ses ouvrages ! quel enthousiasme ! quelle élévation dans ses idées ! On ne peut, je crois, lui reprocher qu'un peu de singularité dans sa composition.

La maniere du Parmesan (45) est gracieuse ; ses figures sont légeres & charmantes ; ses attitudes sont bien contrastées : rien de si agréable que ses airs de têtes ; ses draperies font l'illusion de la vérité ; son pinceau est *flou* & séduisant : on desireroit seulement qu'il eût un peu plus consulté la nature. Vous n'avez pas vu chez moi des tableaux de ce Maître ; mais je me rappelle que je vous montrai quelques-uns de ses dessins à la plume, & que vous y admirâtes sa touche légere & spirituelle. Ce moment, où je pus juger de la sensibilité de votre ame, ne s'est pas effacé de mon souvenir. Vous crûtes, si je puis le dire, que ses figures étoient animées, & que l'aîle des vents agitoit ses draperies.

Le Corrêge (46) étoit encore un de

ces génies créateurs, qui portent en eux-mêmes toute la ressource des connoissances, & tous les principes de l'Art. On pourroit dire qu'il tenoit son pinceau de la nature & des graces. En effet, sans avoir été à portée de consulter les grands Maîtres, & n'ayant pas encore étudié l'antique, il s'éleva au dernier degré du talent. Sa belle composition, son grand goût de dessin, son coloris enchanteur, son pinceau tendre & moëlleux, sa maniere vague & large, sont le résultat des combinaisons les plus exactes de l'ame & du génie. Il est le premier, dit-on, qui ait parfaitement entendu la magie des plafonds. Ce prestige étoit l'effet du raccourci de ses figures. Attachez-vous, je vous prie, à cette partie de son Art, lorsque vous irez l'admirer au Palais-Royal.

Le Georgien (47), après s'être longtemps appliqué à la Musique, se livra entiérement à la Peinture. Il s'attacha d'abord à la maniere de Léonard de

Vinci; mais la nature, qu'il consulta toujours, fut bientôt son unique maître. Ce fut lui qui introduisit, à Venise, la coutume de peindre le dehors des maisons : usage que je n'estime point du tout. On a pu risquer cette nouveauté à Marly, parce que c'est une simple maison de plaisance; mais la majesté des villes impose des loix plus séveres, il faut les respecter. Le Titien, qui jugeoit bien des talents du Georgien, le voyoit souvent, pour lui dérober, dit-on, le secret de son Art. Il étoit digne de cette surprise à plusieurs égards. Nul ouvrage n'approche des siens pour la force & la fierté. Il entendoit parfaitement le clair-obscur, & il possédoit cet art si difficile & si rare, de répandre une harmonie générale dans toutes les parties d'un tableau. Son dessin étoit très-délicat; ses carnations représentoient une peau animée par la circulation du sang le plus pur. Ses portraits étoient très-vivants, & ses paysages touchés d'une maniere exquise. C'étoit par-tout le mouvement & la nature. Il a peu fait de tableaux de chevalet. Le Roi & M. le Duc d'Orléans en possedent cependant quelques-uns.

Le Titien (48) traitoit également tous les genres. Son talent singulier pour le portrait lui fit une grande réputation auprès des Grands. Il rendoit la nature avec une exactitude frappante. Chaque objet, sous son pinceau tendre & délicat, étoit une vérité. Il peignoit sur-tout, avec beaucoup de supériorité, les femmes & les enfants; son coloris étoit une imitation parfaite de la délicatesse de leur peau. On lui reproche de n'avoir pas assez étudié l'antique, d'avoir manqué d'expression, & de s'être répété plusieurs fois. Les Arts sont des juges séveres; mais combien leur suffrage est flatteur!

L'étude qu'Annibal Carrache (49) fit des ouvrages du Corrêge, de ceux du Titien, de Michel-Ange, de Raphaël, du Parmesan & des autres grands Peintres, lui donna ce style noble & sublime, qu'il joignit à une correction de dessin admirable, & un coloris vigoureux. Il eut souvent recours à Augustin Carrache, son frere, pour la poétique de son Art, ayant trop négligé l'étude des Belles-Lettres. Je me représente ici le nombre immense de Peintres à qui l'on pourra faire, un jour, le même reproche.

Le Tintoret (50) se proposa, dans ses ouvrages, de suivre le dessin de Michel-Ange, & d'imiter le coloris du Titien. Il joignit à cette étude celle de l'antique, ce qui l'aida à mettre dans ses compositions beaucoup de noblesse, de liberté & d'agrément. Ce Peintre a, sur-tout, excellé dans les grandes ordonnances. Sa touche est hardie, ses couleurs franches. Il rendoit bien les carnations, & se servoit très-heureusement de l'art du clair-obscur. Vous vous appercevrez, peut-être, que ſes attitudes ſont ſouvent contraſtées avec excès ; mais ſes figures de femmes ſont exquiſes, & ſes têtes d'un deſſin admirable.

Lanfranc (51), né avec beaucoup d'inclination pour le deſſin, en fit d'abord ſon amuſement. Il entra enſuite dans l'Ecole des Carraches, où il fit des progrès rapides. Il ſe fortifia ſur-tout à la vue des ouvrages de Raphaël & du Corrêge. Il imita le beau raccourci de ce dernier. La hardieſſe de ſon génie égala la facilité de ſon exécution ; auſſi excella-t-il dans la peinture à freſque, qui demande une aſſez grande célérité.

Salvator Roſe (52), encouragé par le ſuffrage de Lanfranc, ſe livra, avec une ardeur incroyable, à l'étude. Il a fait pluſieurs tableaux d'Hiſtoire ; mais il a particuliérement excellé dans le genre des combats, des marines, des payſages & des animaux. Sa touche étoit facile & ſpirituelle. Il peignoit d'ailleurs avec une facilité extrême; mais il paya cette qualité par un défaut de correction, de goût, de régularité & de raisonnement, quelquefois très-sensible dans ses ouvrages.

Paul Veronnêse (53), rival de Tintoret, fut chargé avec lui des plus grandes entreprises. S'il ne mettoit pas tant de force que ce dernier dans ses tableaux, on y remarque, du moins, une imagination féconde, vive & éclairée. Il mettoit beaucoup de noblesse & de mouvement dans ses airs de tête. Son coloris est frais, ses couleurs locales sont bien entendues. Il réussissoit admirablement dans le jet des draperies. Les scenes de ses tableaux sont ornées de belles fabriques; mais il peche, en général, contre le costume. On souhaiteroit aussi qu'il eût plus de finesse dans ses expressions, & plus de correction dans son dessin. Il y a dans le sallon d'Hercule, à Versailles, un tableau de ce Maître, traité de la plus grande maniere. Je crois vous l'avoir fait un jour remarquer.

Benedette (54) ne négligea rien pour se faire un nom célebre dans son Art. Il fit des progrès étonnants d'après les ouvrages des hommes immortels qui ont embelli Rome, Naples, Florence, Parme & Venise. Benedette avoit un génie aussi étendu que la Peinture même. Il traita, avec succès, tous les genres; mais son goût dominant fut les pastorales, les marchés, les animaux; & nul Peintre n'a surpassé son talent dans ce goût particulier. La délicatesse de sa touche, l'élégance de son dessin, la beauté de son coloris, & la connoissance profonde qu'il eut du clair-obscur, donnent une valeur extrême à ses tableaux.

Le Dominicain (55) a excellé dans la peinture à fresque. La plupart de ses tableaux de chevalet sont moins estimés, quoiqu'on y remarque un dessin très-élégant, & une correction très-exacte. Ses attitudes ſont bien choiſies ; ſes têtes ſont d'une variété & d'une ſimplicité admirables. On diſtingue dans ſes ouvrages l'expreſſion du ſujet en général, & des paſſions en particulier. Ses payſages ſont dans la maniere des Carraches, mais ils ne ſont pas d'une touche auſſi légere.

Le Guide (56) travailloit avec une prodigieuſe facilité. Son pinceau eſt léger & coulant, ſa touche gracieuſe & ſpirituelle, ſon deſſin correct, ſes carnations franches, ſes draperies bien jetées, ſes têtes admirables. Je n'ajouterai pas peu à cet éloge, en diſant que la richeſſe égale la dignité dans ſes compoſitions.

Carl-Maratte (57) ſe fit des Maîtres de Raphaël, de Carrache & du Guide, par l'étude profonde de leurs ouvrages. Ses tableaux furent fort recherchés par les Princes de l'Europe, & Louis XIV le nomma, par brevet, ſon Peintre ordinaire. Il excelloit dans le deſſin des ſujets qu'il vouloit repréſenter. Il ſavoit allier la nobleſſe à la ſimplicité, dans ſes airs de tête. Son expreſſion étoit raviſſante, ſes idées heureuſes & pleines de majeſté, ſon coloris d'une franchiſe admirable.

J'arrête ici ma plume : non que j'aie épuiſé les noms qui ont illuſtré l'Ecole Romaine. J'aurois encore à vous parler du Guerchin, de Ciotto, du Feti, de Pietre de Cortone, de Bloëmac, du Baſſan, d'André Delſarte, de Baroche, de Polidor : mais je n'ai aucun des ouvrages de ces Peintres dans ma collection ; & quoique ma mémoire leur ſoit aſſez fidelle, après les avoir juſtement admirés, je ne veux cependant rien haſarder. Je me flatte que ce précis pourra vous mettre à portée de commencer à ſoupçonner du moins, & les beautés & les défauts des productions de l'Art que vous voulez connoître. Je vous conſeille d'ailleurs, de lire de Pile & du Freſnois, qui ont écrit très-pertinemmment ſur la Peinture. Vous en ſerez plus en état de ſaiſir mes idées, lorſque je m'expliquerai ſur les Ecoles Flamande & Françoiſe.

BILLET

Du Marquis de Lurçai, au Comte de Saleran.

LES choſes changent de face, Monſieur ; je ſuis obligé de m'accuſer. Madame la Marquiſe de Galeas obtient de moi le déſaveu le plus juſte. Je confirme ce que vous allez lire dans les lettres que l'on joint à celle-ci. Je ne fus point coupable par malignité, c'eſt tout ce que je puis dire en ma faveur. L'amour doit nous égarer, lorſqu'il eſt extrême. J'éprouvai ſon pouvoir ; j'aurois eu toutes ſes fureurs, ſi les circonſtances ne m'avoient épargné des crimes. Heureuſement vous n'aimiez pas la femme qui vous adoroit, & à qui je ne pouvois plaire. Je vous dois, Monſieur, des excuſes, & je vous en fais. Je vous ai mis dans un embarras que je ſens avec honte. Le déſeſpoir d'aimer plus tendrement & plus vainement que jamais, ne m'empêche pas de raiſonner & d'être juſte.

BILLET

Du Marquis de Salanci, au Comte de Saleran.

J'AI l'honneur, Monſieur, d'être connu de vous. Mes principes ont été quelquefois l'objet de vos louanges. J'oſe me livrer à la confiance qu'inſpire l'homme qui ſait eſtimer la vertu. Madame la Marquiſe de Galeas a beſoin de mon ſecours & d'un garant auprès de vous. Elle vous écrit une lettre que je n'ai pu lire ſans m'attendrir beaucoup ſur ſon ſort. Je réponds de toute ſa ſincérité, & ma ſécurité ne doit rien à ſon malheur. La pitié ne peut m'abuser. J'ai voulu savoir jusqu'aux plus petits détails, jusqu'aux moindres expressions dont elle s'est servie dans ses accès de jalousie & de dépit. Je suis obligé de la plaindre, de la défendre & d'accuser M. de Lurçai, qui m'y autorise formellement. Je connois assez votre raison & votre humanité, Monsieur, pour me croire dispensé de justifier ma démarche.

LETTRE XLVIII

De la Marquise de Galeas, au Comte de Saleran.

SI les horreurs du désespoir sont un témoignage de l'innocence, pourrez-vous me haïr encore, quand vous saurez ce que je souffre ? J'ai prévu que j'abrégeois mes jours en me livrant à mes pensées, & j'ai trouvé de la satisfaction à m'y livrer. Accablée aujourd'hui, n'ayant plus cette force qui fait le courage, me voyant fur les bords du tombeau, je cede à la nature : elle obtient l'aveu de mes maux; mais elle ne m'arrachera pas une plainte. Victime de mes fentiments, je veux dépendre des vôtres ; je veux vous attendrir, & non vous troubler.

J'ai dû imputer à l'amour les fautes dont vous m'avez punie, & vous avez dédaigné m'entendre ! J'ai accufé M. de Lurçai de jaloufie & de malignité, vous avez refufé de me croire? Vous vouliez me haïr ! il étoit naturel que vous évitaffiez de me connoître. La vérité parle enfin pour moi. Mon ennemi devient mon défenfeur auprès de vous. Ne m'accuferez-vous pas de violence ? Me pardonnerez-vous de vous ravir une prévention qui vous eft fi chere? On craint tout quand on n'a pu fe faire aimer ; & je vous interroge avec une inquiétude qui n'eft pas la moins fenfible de mes peines.

Adieu, Monſieur ; vous me déteſtez & je vous adore. Je meurs pour vous le prouver ; ne vivrez-vous que pour m'en punir ?

BILLET

Du Comte de Saleran, au Marquis de Lurçai.

Vous me diſpenſez, Monſieur, de me plaindre, par votre aveu & par vos regrets. Je n'ai rien à dire à un homme qui me prévient & qui ſe condamne. Je ſuis cependant pénétré juſqu'au fond du cœur des événements auxquels votre vivacité a donné lieu ; & je ne puis qu'à peine concevoir que vous vous ſoyez ſervi de l'amitié, pour ſatisfaire les fureurs de l'amour. Vous m'avez mis, Monſieur, dans l'embarras le plus affreux ; & quoique vous avouyez que vous le ſentez, je ne puis m'empêcher de vous le faire ſentir.

LETTRE XLIX

Du Comte de Saleran, au Marquis de Salanci.

JE trouve de la consolation, Monsieur, à vous voir le confident des peines qui alterent aujourd'hui la tranquillité de ma vie. Les intérêts de Madame de Galeas & les miens ne peuvent être dans des mains plus respectables & plus sûres que les vôtres. Je vous prie d'user de tout le pouvoir que mon estime vous donne. Vous consolerez une femme que je ne puis consoler moi-même que par des regrets. J'oublie ses torts, infiniment affoiblis par le malheur de ses motifs; je plains ses maux, qui augmenterent par le malheur de sa destinée. Vous connoissez, Monsieur, mes engagements, & vous savez quels principes me les rendent sacrés, indépendamment

ment du bonheur de plaire? Je n'écris point à Madame de Galeas, parce que je ne puis lui donner des espérances, & que mes dispositions à son égard, toutes consolantes qu'elles puissent être, ne lui paroîtroient que des outrages. J'ai le malheur de connoître les prétentions secretes d'un cœur tourmenté par l'amour; & je me vois bien coupable à ses yeux, quand je me borne à la plaindre. J'en veux beaucoup à M. de Lurçai, de m'avoir mis dans une situation où je ne puis vous prouver, que très-imparfaitement, combien mon ame est sensible, & combien je vous honore.

LETTRE L.

Du Chevalier de Derville, au Comte de Saleran.

LA premiere lettre que je vous écrivis contenoit des folies ; la seconde renfermoit des compliments ; celle-ci est destinée aux conseils les plus sérieux, & aux reproches les plus justes. Faut-il qu'un sage se soit exposé à l'humiliation d'être sermonné par un fou ? Une conduite, dont l'irrégularité m'inspire cette réflexion, doit être très-condamnable ; la vôtre me paroît incompréhensible. Je vis hier la Comtesse : elle me parut triste ; n'osant l'interroger, je prononçai votre nom ; elle soupira. Je compris qu'elle avoit à se plaindre, & n'espérant pas de la faire parler, je la quittai pour aller chercher des instructions. Qu'ai-je appris ? Vous êtes en commerce de lettres avec la

Marquiſe ? Vous ſouffrez que cette femme vous perſuade qu'elle meurt d'amour pour vous ? Vous lui accordez de la pitié ? De la pitié ! Savez-vous à quoi elle expoſe un homme qui fut aſſez foible pour ſe rendre, ſucceſſivement, aux agaceries de pluſieurs femmes ? Craignez, plus que tous les pieges du monde, ces maux perfides, que votre ſenſibilité croit trop réels ; la Marquiſe ſe fait mourante , n'ayant guere que cette reſſource ; le fût-elle en effet, je vous vois plus menacé qu'elle. En vain m'aſſurerez-vous que vous l'avez trop définie, pour devoir la craindre ; ſi elle vous attendrit, elle doit vous ſéduire ; je connois ſon art, la nature, & votre foibleſſe. Mon cher ! avec les femmes qu'on a humiliées , il ne faut jamais ſe repoſer ſur ſa vertu. Fuyez, n'écrivez plus, ne liſez plus des lettres dangereuſes ; le poiſon le plus ſubtil eſt renfermé dans les plaintes qui touchent.

BILLET

Du Marquis de Lurçai, au Comte de Saleran.

J'AI fait, Monsieur, l'aveu que la probité exigeoit de moi, il me semble qu'il n'a pas produit l'effet que j'en devois attendre. Vous sentez mieux vos embarras que mon procédé; & j'entrevois que vous auriez voulu pouvoir ne me laisser aucun doute à cet égard. Je ne puis consentir à aucun ménagement, quand je me suis peu menagé moi-même; & malgré l'amitié, dont je conserve le souvenir, je vous prie de partir du principe qui ne permet aucune dissimulation à des hommes de notre espece, lorsqu'on les interroge.

LETTRE LI

Du Comte de Saleran, à la Comtesse de Vaujeu.

Vos avantages & mes ſentiments ſont pour vous des ſûretés ſi conſtantes, que je n'ai pas dû vous informer d'un événement peu fait pour vous occuper. J'apprends que vous êtes inſtruite de tout, & l'on me laiſſe entrevoir que vous avez des inquiétudes. J'oſe vous proteſter que mon ſilence n'eut d'autre cauſe que le reſpect, & ma conduite d'autre ſource que la pitié. J'ai vu dans celle de la Marquiſe une paſſion qui méritoit mon indulgence, & dans ſa ſituation, des tourments faits pour vous toucher vous-même. J'ai ſouffert qu'elle m'inſpirât les égards que je ne pouvois lui refuſer; j'ai lu des lettres que je ne devois pas craindre; j'ai fait des réponſes qu'elle avoit droit d'attendre ; j'ai plaint des maux que je ne pouvois pas mépriſer. Elle vivra, je n'aurai point été barbare ; mais je ne ſerai jamais plus ſenſible. On peut s'acquitter envers l'humanité, ſans s'expoſer envers l'amour. Ma ſécurité eſt le garant de ma maxime. Puiſque je n'ai point de regrets quand je vous connois des alarmes, je m'imagine que je puis me fier à mon cœur. J'exige cependant que vous imitiez ma bonne foi, & que vous ayez l'honnêteté de vous plaindre, ſi je n'ai pas le bonheur de vous perſuader. Tous mes principes ſeront toujours ſoumis à vos déciſions ; & je croirai apprendre à penſer, toutes les fois que j'aurai à vous obéir.

BILLET

Du Comte de Saleran, au Marquis de Lurçai.

VOUS exigez, Monſieur, un aveu ſincere de mes ſentiments ſecrets ? La ſévérité de mes principes ſuffiroit pour m'engager à vous ſatisfaire ; la délicateſſe de votre inquiétude ajoute infiniment à mes motifs. Il eſt donc vrai, Monſieur, que j'ai voulu épargner un ami. Si j'avois eu à répondre à un être étranger à mon cœur, malgré l'honnêteté de vos regrets, ma franchiſe vous eût diſpenſé de m'interroger.

LETTRE LII

De la Comtesse de Vaujeu, au Comte de Saleran.

Vous exigez de la bonne foi? Où en serois-je, si la crainte de vous déplaire m'imposoit la dissimulation? Des inquiétudes que vous dissipez seroient devenues des sentiments profonds. L'affreuse jalousie eût tourmenté un cœur dont vous ne connoissez point toute la sensibilité. Je sens que trop de promptitude à m'alarmer peut vous paroître un défaut; mais si, pour bien juger, il faut remonter jusqu'aux principes, vous daignerez peut-être me chercher une excuse dans la connoissance que j'ai de votre caractere. Un inconstant est communément un homme foible. Que n'a point à craindre l'amour, de cette foiblesse, lorsque des motifs honnêtes deviennent des prétextes pour elle ? Dès que l'on sait se faire plaindre, on sait bientôt se faire aimer. Les maux que l'on a causés obtiennent une réparation dont on ne prévoit pas la suite ; en consol .nt, on ne croit pas faire assez ; on se sent peu satisfait ; dès-lors on est séduit.... J'ai fait ce raisonnement, en apprenant la nouvelle dont vous daignez réparer l'effet. Je me suis permis des soupçons, parce que je vous connoissois des vertus....... La lettre que vous m'écrivez détruit un préjugé cruel ; je ne suis plus inquiete ; & ce que je sens encore (que je ne connoissois pas il y a trois jours) n'est que de la tendresse. Vous pouvez accorder des consolations à une femme que vous croyez ne devoir pas craindre. Si votre situation peut encore me causer quelque mouvement d'inquiétude, j'espere retrouver le repos dans le plaisir d'estimer votre sensibilité. Un homme, moins honnête que vous, n'eût pas été touché de l'état de la Marquise, & cet homme ne feroit pas digne de moi.

LETTRE LIII

Du Marquis de Salanci, au Comte de Saleran.

Vous m'avez permis, Monsieur, d'user des droits que me donnoit votre estime ? J'ai jugé que vous ne sentiez pas toute l'étendue de cette permission ; & cependant je me suis bien gardé d'y mettre des bornes. Voyant les choses de plus près que vous, j'ai dû obvier aux inconvénients de l'absence, & vous prêter les sentiments de la nature. Madame de Galeas étoit condamnée au malheur de mourir votre victime ; j'ai craint cet événement pour vous-même. Il n'y avoit qu'un seul remede à l'excès de ses maux, c'étoit votre présence.

Elle jetoit ſouvent les yeux ſur une terre qu'elle a à côté de la vôtre ; mais c'étoit un deſir ſans eſpoir. J'ai fortifié ſon ame contre la crainte de l'indiſcrétion. Ses combats ont enflammé mon zele. La victoire s'eſt déclarée pour moi ; Madame de Galeas partira demain.... Une femme placée, par ſa ſituation, entre le tombeau & votre voiſinage, pourroit-elle, Monſieur, ne pas obtenir, du moins, vos égards ? Seroit-il poſſible que vous vouluſſiez rétablir par la fuite la diſtance qu'elle a oſé franchir ? Mon ame ſe feroit préparé de cruels tourments. Je ſais, Monſieur, ce que vous devez à vos engagements ; mais j'ai tout prévu, & vous êtes libre. Madame la Comteſſe de Vaujeu, à qui j'ai ſoumis toutes mes idées, vous autoriſe & vous engage à ſouffrir qu'une infortunée, à qui il ne reſte que votre pitié, puiſſe reſpirer auprès de vous. J'ai de ſa part l'aveu le plus formel ; elle le confirme d'ailleurs par un billet que je joins ici. Je conçois, Monsieur, tout le trouble que je répands dans votre ame : mais voyez de plus grands maux dans des tourments dont vous êtes l'objet ; j'ai la consolation de croire que votre intérêt ne sera pas celui qui vous touchera le plus.

LETTRE LIV

De la Comtesse de Vaujeu, au Chevalier de Derville.

Vous êtes parti, Monsieur, dans les circonstances les plus capables de vous intéresser. Je vous ai promis la vérité. En vous la disant, je sens que je ne puis guere me dispenser de rougir.... On peut raisonner d'après de faux principes, mais il ne faut pas se contrarier. La folie & la honte sont dans l'inconséquence plus que dans l'erreur. Avant votre départ, je vous ai dit que, tranquillisée par la lettre du Comte, je verrois la Marquiſe dans ſon voiſinage, ſans éprouver l'agitation que vous craigniez pour moi? Elle eſt partie, j'ai permis au Comte de la voir, je le lui ai écrit ſans qu'il m'eût demandé mon aveu; j'étois ſincere en écrivant, & la triſteſſe me conſume depuis que ma lettre eſt dans ſes mains. J'aurois beſoin de votre raiſon, & vous êtes loin de moi! Je ne puis garder au fond du cœur le ſecret de mes peines, & je n'ai point de confident à qui je puiſſe les découvrir. Leur progrès devient inévitable. Repréſentez-vous une ame tendre, partagée entre la néceſſité des craintes, & la honte de ſes mouvements. Le caractere du Comte me fait trembler, & ma défiance me fait rougir. Pourquoi l'avoir rendu libre, ou pourquoi le ſoupçonner? Voilà comme je raiſonne; & mon malheur ne ſe borne pas à la contradiction de mes idées. Un cruel preſſentiment vient y mettre le comble. Je vois tout ce que j'ai à redouter. Dix fois en une heure une main invisible écrit ma destinée dans mon cœur. Ah ! Monsieur, qu'il est affreux de ne compter les moments que par les soupirs les plus tristes ! Qu'il est cruel d'éprouver des tourments qui n'autorisent point la plainte !..... Elle le verra, elle versera ces larmes dangereuses qui attendrissent ; elle obtiendra ces soins qui amolissent l'ame qui se les impose ; elle prêtera à l'amour l'intérêt du repentir, ou les charmes de l'innocence. Que deviendra un homme foible, à qui il fallut souvent moins de raisons pour s'engager ?.... Je prévois tout ; je souffre horriblement, je soutiens à peine ma plume. Plaignez-moi, écrivez-lui, sauvez-nous tous deux.

BILLET

Du Marquis de Lurçai, au Comte de Saleran.

JE prévoyois, Monſieur, votre réponſe, elle comble mon eſtime pour vous; mais elle m'inſpire d'autres ſentiments : ils ne pourront vous ſurprendre. Je ſerai demain, avant cinq heures du matin, à la petite porte de votre parc. J'ai lieu de croire qu'elle me ſera ouverte par vous-même.

LETTRE LV

De la Comteſſe de Vaujeu, au Chevalier de Derville.

JE prends la plume ſans avoir la force de la ſoutenir. Ciel! qu'ai-je appris? que vais-je écrire? Un duel.....

Le Comte eſt bleſſé. L'inſtant où j'exprime mon déſeſpoir eſt peut-être celui de ſa mort. On mande que ſa bleſſure eſt très-dangereuſe. Ah ! Chevalier, c'eſt mon ſang que je vois couler; ma vie tient à celle de votre ami, vous le ſavez ? J'ai aimé à vous le dire, je me plais à vous le dire encore ; c'eſt peut-être le dernier plaiſir que j'aurai.... Et vous êtes malade ? votre amitié éprouve le tourment de l'inutilité ! Jugez de l'excès du mien !.... Je ne vous nomme point l'auteur de mes maux ; ſans doute qu'inſtruit comme vous l'êtes, c'eſt Lurçai qui s'offre à votre imagination ! Elle ne vous trompe point. Le barbare, après avoir violé toutes les loix dans ſa conduite, a oſé s'offenſer d'un mot équivoque : il en a demandé l'explication ; la nature ne lui devoit que du mépris ; l'honneur a des principes plus ſéveres. Le Comte a expliqué ſa penſée ; Lurçai a annoncé ſon dépit par ſa réponſe : il n'a pas craint de de l'aller trouver. Hélas! dans un pareil combat, faut-il que la victoire s'allie si souvent avec le crime?.... Cette réflexion excite ma fureur. Les Loix sont bien imparfaites; l'honneur lui-même est bien mal raisonné. Quoi! il établit une égalité entre deux hommes si différents dans la balance? il faut qu'un imposteur obtienne la réparation d'un mot, tandis qu'il mérite le châtiment d'un forfait? Non, je raisonne autrement; mais à quoi sert ma raison, & mon dépit, & mon courroux, & mon juste murmure? Lurçai triomphe, le Comte expire peut-être. Ciel! qu'ai-je dit? quel effroyable mot! Faut-il sentir, & se contraindre?.... Je n'en puis plus; mon cœur est brisé; ma main n'a plus de mouvement; mes yeux se remplissent de larmes. Ah! Chevalier, Chevalier! quelles nouvelles apprendrai-je demain? Quel moyen de vivre jusqu'à ce moment!

LETTRE LVI

De la Marquise de Galeas, au Marquis de Lurçai.

QUOI, Monsieur! vous m'écrivez ?... Sans la haine, aurois-je eu la force de lire votre lettre ? Vous êtes à mes pieds, dites-vous ? Vous versez des pleurs, après avoir versé du sang ? Que m'importent vos douleurs & vos excuses ? Je vous abhorre. Vos vertus, si vous pouviez en avoir, m'irriteroient; vos sentiments me remplissent de fureur... Vous avez l'audace de m'aimer encore ? Vous arrachez la vie au seul objet que je distingue ? Vous me rendez coupable de son sort par le malheur de vous intéresser; & vous me demandez de la pitié ? Vous osez m'en montrer pour moi-même ? Barbare ! je suis d'un sexe qui ne se venge que par les sentiments ;

mais si le désespoir pouvoit vaincre le préjugé, vous ne m'auriez pas bravée en vain. Cette mort que vous avez voulu porter dans un sein innocent, cette mort affreuse seroit l'arrêt de la vôtre. Quelle ame la nature vous a-t-elle donnée ? Quels principes conduisent votre esprit ? Après avoir tout épuisé contre moi, vous ne craignez pas de m'écrire ? Vous espérez même de me fléchir ? Non, Monsieur, je vous ai défini, & je me connois ; ne tentez plus d'inutiles efforts. Une horreur éternelle est tout ce que vous pouvez m'inspirer.

LETTRE LVII

De la Comtesse de Vaujeu, au Chevalier de Derville.

L'ESPOIR renaît avec le jour. Il ne mourra point. J'apprends cette nouvelle en m'éveillant. Quel réveil! La vie la plus longue ne pourra jamais m'offrir un moment aussi doux. C'est lui-même qui a pris soin de me rassurer. Il m'écrit ces quatre lignes : « Quel » nuage j'ai répandu sur vos beaux » jours ? Pardonnez-moi l'excès de » mon malheur. Les peines que vous » éprouvez par ma destinée seront ra- » chetées par mon amour. Il est bien » juste que je vous aime autant que je » vous intéresse. Rassurez-vous sur » mon état, je vous réponds de vivre ».

Je confie à l'amitié toutes mes pensées. C'est un plaisir que je goûte, & un devoir que je remplis. Vous vous imaginez peut-être que Madame de Galeas, trop voisine du Comte, m'occupe & trouble la joie qu'il vient de répandre dans mon ame? Une autre auroit cette inquiétude; le caractere général de l'amour est trop capable de la justifier : mais je ne suis pas une amante ordinaire. J'ai eu des alarmes,

& je vous les ai confiées. La réflexion m'a forcé d'en rougir ; elles ne renaîtront plus. J'ai senti que des soupçons qui n'étoient point fondés, détruisoient l'amour, en lui ôtant sa délicatesse ; & qu'ils devoient finir par corrompre le cœur, après avoir altéré la raison. Je suis donc aussi tranquille sur le voisinage de cette femme, que le Comte lui-même peut l'être. Pour prévenir l'effet de toute surprise, je me dis qu'elle cherchera à le voir, qu'elle le mettra dans l'impossibilité de l'éviter, qu'elle en obtiendra même des consolations ; je ne m'épargne aucune des idées qui peuvent m'éclairer sur les ressources d'une femme en proie au plus violent amour ; & je ne sens point ma sécurité s'altérer. Convenez que s'il en coûte quelque effort pour pouvoir penser ainsi, l'on en est bien dédommagé par l'opinion qu'on est en droit d'avoir de soi. Les sacrifices ne coûtent qu'autant qu'ils sont étrangers à l'honnêteté ou à la vertu. Soyez donc tranquille ſur mes plus ſecrets mouvements ; j'ai voulu vous prévenir à cet égard, parce que je vous avois inquiété par mes premieres confidences. J'aurai ſoin de vous inſtruire des progrès de la guériſon.

LETTRE LVIII

De la Marquiſe de Galeas, au Marquis de Salanci.

J'AI contracté une dette en vous liſant. Votre billet m'a pénétrée juſqu'au fond du cœur, & je m'acquitte en mêlant des larmes à mes expreſſions. Fut-on jamais auſſi à plaindre que je le ſuis ? Je n'avois plus qu'une reſſource, la fortune me la ravit. Un homme de qui je n'ai pu me faire aimer, eſt autoriſé aujourd'hui à me haïr ; en l'aimant malgré lui, j'ai déſeſpéré un rival qui lui perce le cœur ; ſon ame ulcérée doit me reprocher ſa bleſſure. Je ſuis perſuaduée que mon nom lui eſt plus odieux que celui de Lurçai. L'être que l'on hait le plus eſt une femme à qui l'on refuſe ſon cœur, & à qui l'on peut reprocher ſa deſtinée. Je ne m'aveugle point. Je vivrai cependant ; la conſtance d'un amour malheureux donne le droit de s'eſtimer, & cette idée ſoutient. Je ſuis dans ſon voiſinage. Le bonheur des circonſtances répare quelquefois le malheur des ſentiments. Ma conduite adoucira cette férocité qu'aujourd'hui je lui ſuppoſe. Il fut touché de mes peines, lorſque vous daignâtes les lui peindre ; ſi je puis le ramener à cet état, il ne me haïra plus, & c'eſt ſa haine que je redoute. En vain la raiſon me dit qu'épris de la Comteſſe, comme il l'eſt, ſon cœur eſt fermé à toute autre paſſion ; les foibleſſes de l'humanité me ſont connues ; les reſſources de notre art me ſont préſentes ; celles de l'amour ſont inépuiſables. Enfin je vivrai pour mériter un cœur que j'ai acheté par des fautes.... Le danger a cessé entiérement. La joie est répandue dans le Château : j'ai envoyé deux fois chez lui ; il n'a pas permis qu'on lui parlât, mais il a répondu des choses honnêtes. Il ne m'en devoit pas de plus flatteuses. Je me rends justice, je la lui rendrai toujours ; à sa place, j'aurois peut-être refusé de répondre.... Je finis par un mot qui vous étonnera. Lurçai a osé m'écrire : concevez-vous cet excès d'audace ? J'ai répondu : il falloit soulager mon cœur. Vous devinez qu'il ne doit pas s'applaudir de sa démarche.

BILLET

De la Marquise de Galeas, au Comte de Saleran.

LE procédé de M. de Lurçai me touche plus qu'il ne vous touche vous-même, Monsieur. Ma vie étoit presque à son terme, lorsqu'il attaqua la vôtre; votre blessure est mon arrêt de mort. Je ne suis soutenue que par l'espoir de votre guérison. Lorsqu'elle sera décidée, n'ayant plus de vœux à former pour vous, je sens que je succomberai à mes maux. Je vous prie de recevoir avec confiance l'aveu de mes sentiments & de mon désespoir.

LETTRE LIX

Du Marquis de Lurçai, à la Marquise de Galeas.

JE suis un furieux, un malhonnête homme, si vous voulez. Je vous ai prêté des crimes, & j'en ai commis. Mais je vous adore; je brûle de tous les feux qui peuvent consumer un cœur. Ah! si la haine ne rendoit point barbare, vous me verriez moins criminel que malheureux. Concevez-vous ce que je ſouffre ? Votre vie, dit-on, eſt languiſſante, les ſources en ſont altérées ; l'amour, enfin, vous conduit au tombeau : & ſur les bords de ce précipice affreux, vous adorez, vous baiſez la main qui vous y plonge ! Votre eſprit n'eſt occupé que de l'objet que vous n'occupez point ? L'affront le plus ſenſible, l'humiliation attachée à un amour méconnu ne ſont point des maux pour vous ? L'idolâtrie pour le Comte, la haîne pour moi, voilà tout ce que vous pouvez ſentir ? Je vous conjure d'ouvrir les yeux ſur votre ſort, & ſur le mien. Pardonnez-moi de raiſonner pour ce que j'aime ; c'eſt m'offrir à la main qui ſe plaît à me percer le cœur ; le billet le plus terrible ſera la récompenſe de mon zele ? Mais j'aurai prouvé du moins ſon empire ſur ce cœur accablé : j'aurai mérité la juſtice que je ne puis obtenir...

Je ne vous écrirai plus que je n'aie pu juger de tout l'effet de cette lettre.

Je ne troublerai plus votre repos ; mais ſongez que le mien eſt perdu pour jamais, ſi vous ne voulez pas ceſſer de me haïr, & d'être à plaindre.

BILLET

Du Comte de Saleran, à la Marquiſe de Galeas.

JE dois craindre ma guériſon, Madame, d'après le billet que vous m'écrivez. J'oſe eſpérer que l'inquiétude qu'il me cauſe balancera le pouvoir de vos réſolutions. La mienne eſt de les combattre par la ſageſſe de mes conſeils, & de les détruire par l'honnêteté de ma conduite.

LETTRE IX

Du Comte de Saleran, à la Comtesse de Vaujeu.

JE puis donc encore goûter le plaisir de me communiquer à votre ame ? Que l'amour répand de charmes sur le papier où l'on trace les sentiments d'une existence nouvelle ! Je n'ai jamais si bien senti ni mon bonheur, ni mon amour. Je crois renaître exprès pour vous aimer ; je sens du moins qu'auprès de vous, tout est pour moi bien peu de chose dans l'univers. Quelles ont été mes pensées pendant que je m'occupois de la tristesse des vôtres ? Ah ! je ne pourrois les rendre que foiblement. Portons les yeux sur un tableau plus agréable. Les miens se fixent sur ces traits que j'adore, sur ce cœur que je fais palpiter ; & les vôtres sont attachés à cette lettre, dépositaire sacré de mes sentimens immortels ! En la lisant, vous vous peignez les transports secrets de celui qui l'a écrite ! Vous partagez l'ivresse d'une ame qui s'abandonne aux plus doux mouvemens ! Félicitez-moi de quelques maux légers rachetés par tant de plaisirs. Quand je reçus le coup qui fit craindre pour moi, on ne savoit pas qu'il alloit rendre mon sort digne d'envie. Vous m'avez plaint, vous avez pleuré sur mes dangers, vous m'avez écrit des billets [illegible] de la peine de vous les [illegible]. Aujourd'hui je [illegible], de [illegible], de tous ces avantages, je [illegible] [illegible] [illegible] [illegible] [illegible] [illegible] [illegible] [illegible] [illegible] [illegible]. Non, jamais [illegible] [illegible] [illegible] [illegible] [illegible] [illegible] [illegible] [illegible] [illegible] [illegible] [illegible] [illegible] [illegible], je [illegible] [illegible], je [illegible] mon cœur s'animer à chaque inſtant ; je crois vous voir ; vos traits s'embelliſſent ; le jour brille d'un éclat qu'il n'eut jamais ; l'air me paroît enflammé ; mon imagination vole & revient ; elle me rapporte votre image ; j'admire ces yeux ſi beaux, ces levres ſi brillantes, ces lys, ces roſes, ces cheveux que les romans n'ont point donné aux divinités ; j'oſe baiſer ces mains ſacrées qui ont approuvé, confirmé, reſſerré le nœud le plus ſacré. Quel moment ! quel état ! que de biens qu'il m'eſt impoſſible de reconnoître jamais ! Adieu. Je ne puis exprimer ce que je ſens : aimez aſſez pour m'entendre.... Je me rétablis de jour en jour ; j'ai revu hier mes travaux. Combien l'eſpoir & la ſanté me les rendent chers ! Ah ! quand occuperez-vous cet appartement ?

LETTRE LXI

De la Comtesse de Vaujeu, au Comte de Saleran.

LORSQUE vous promeniez vos inconstants desirs dans le tourbillon galant, goûtiez-vous le plaisir d'écrire des lettres aussi tendres? Je suis persuadée que vous avez déjà fait cette réflexion. Aussi n'est-ce que pour me féliciter de mon ouvrage que je vous interroge. Dans ce temps de délire, vous auriez eu vingt aventures plus tristes, sans entendre un véritable soupir. Les folles qu'on amuse sourient au plaisir, cedent à l'occasion, ignorent l'intérêt, & détestent la tristesse. L'instant qui les amuse les plonge déjà dans les ennuis de l'habitude; il faut ne leur demander que des foiblesses, & n'en attendre que des caprices. Remerciez-moi d'avoir su vous plaire. Ce moment fut pour vous le principe d'une exiſtence nouvelle. Vous avez ſu en ſaiſir les avantages ; votre cœur étoit honnête. Sans la nature, l'amour eût éclairé en vain votre raiſon : vous auriez connu le bonheur ſans pouvoir être heureux ; le penchant l'eût emporté ſur la honte même de vous connoître. Félicitez-vous donc ; & n'oubliez jamais que mon goût pour vous fut la ſource des louanges que vous méritez.... Voilà les premieres idées que vous m'avez inſpirées en vous liſant. Je n'ai pas dû déranger l'ordre des choſes ; mais, après les compliments, il faut que vous ſouffriez les reproches. Savez-vous que je condamne fort la chaleur de vos expreſſions ? Savez-vous que votre tête exaltée m'a peint un amant en délire ? Savez-vous enfin que je ne veux point être troublée, être agitée, être expoſée à toutes ces folies que vous dites ſi hardiment. Mon pauvre Comte ! je vous plains autant que je vous désapprouve. Vous m'effrayez par une ardeur aussi peu modérée ; j'ai le malheur ou l'injustice de ne pas l'attribuer toute entiere au sentiment, & vous vous éloignez de votre but, en vous livrant à votre fougue. Oui, l'imagination m'alarme, m'humilie, me refroidit. Je ne connois l'amour que par le cœur, & je ne veux le voir que là, dans l'objet que j'aime... Vous êtes malade, & je vous gronde ? Je suis votre écoliere, & je vous donne des leçons ? Lordre est mal observé dans ma conduite, j'en conviens. Mais vous excuserez ce petit trait d'irrégularité, le motif répare tout. Reprenez vos travaux, & songez que d'après vos premiers discours, il faut que l'hymen soit logé avant que l'amour soit vainqueur. Je trouverai encore quelques moyens de vous occuper, ou plutôt de vous distraire ; & toujours je souhaiterai que vous vous rendiez à mes goûts sans contrainte & sans murmure. Mes amis, enchantés de vos derniers raisonnements, ne sont pas disposés à vous montrer autant de modération que vous leur inspirez de reconnoissance ; leur ambition favorisera mes desseins : j'exigerai encore bien des efforts ; mais vous êtes à peine convalescent ? Il faut donc vous laisser la liberté, en attendant que vous écoutiez la raison.

LETTRE LXII

Du Marquis de Salanci, à la Comtesse de Vaujeu.

LES obligations que l'amitié m'impose, Madame, seront l'excuse de ma démarche. Je connois la bonté de votre ame, la sagesse de votre esprit ; & je m'appuie sur ces deux garants, en me livrant aux mouvements de mon cœur. Je viens d'apprendre, Madame, que M. de Saleran se dispose à prendre la route de Paris. Madame de Galeas est mourante ; la violence de M. de Lurçai a infiniment ajouté à ses maux ; elle s'imagine que M. de Saleran l'accuse dans son cœur d'en être la premiere cause ; & elle croira que c'est pour l'en punir qu'il s'éloigne des lieux où le désespoir de sa passion l'a conduite. L'amour, Madame, vous donne un juste empire sur M. de Saleran ; & l'humanité vous recommande Madame de Galeas. On ne donne l'avis que cette réflexion renferme, qu'à une femme capable des plus sublimes résolutions : les vôtres, Madame, seront dignes de vous ; & je verrai la vertu triompher de la nature, sans avoir même le plaisir de la surprise.

LETTRE LXIII

De la Comtesse de Vaujeu, au Comte de Saleran.

Vous allez vous plaindre de moi? je ne m'en fie pas moins à vous. J'exige trop? je vous tyrannise? je ne prends la plume que pour contrarier l'amour? Mais vous connoissez mes motifs? vous savez que vos sacrifices me touchent, me persuadent: pardonnez-moi de vous aimer assez pour vouloir être sûre du bonheur d'être aimée.... Une circonstance particuliere ajoute aujourd'hui à mes motifs généraux. Je viens d'apprendre que vous vous disposez à venir ici. Je fais taire l'amour, qui vous eût prié lui-même de former ce projet, pour protéger, à mes dépens, une infortunée qui va mourir en apprenant votre départ. Elle interprétera vos intentions? Elle ſe croira haïe plus qu'abandonnée. Ne vous éloignez point, privez-moi de votre préſence : ſubſtituez les bienfaits aux plaiſirs.... Si vous raiſonnez comme moi, vous m'aurez convaincue de votre amour. Je prendrai le ſoin ſi doux d'en apprécier la preuve.

LETTRE LXIV

Du Comte de Saleran, au Chevalier de Derville.

J'AI beſoin de confier tout ce que j'ai éprouvé depuis quelques jours ; & ce n'eſt qu'à vous que je puis m'adreſſer. Vous reconnoîtrez l'amour à tout ce que vous allez lire. J'arrive de Paris. Guéri de ma bleſſure, j'avois ſenti augmenter ma paſſion. Je ne raiſonnois plus, & j'avois écrit une lettre dont chaque ligne étoit un trait de flamme. La raiſon en avoit dicté la réponſe. La raiſon déſeſpere l'amour. Je forme le projet d'aller attendrir cette ame à qui mon délire explique en vain mon tourment. J'annonce mon départ à mes gens ; l'absence ne doit pas être longue, mais il y a des ordres à donner. La Comtesse est instruite de ma résolution ; elle m'écrit pour en prévenir les effets ; je ne reçois pas sa lettre ; j'étois parti lorsqu'elle arrive. Cette lettre avoit pour motif le sort de Madame de Galeas. La sublimité d'une amante éclatoit dans ses soins pour une rivale. Malgré la violence de mes desirs, j'aurois cédé à ses conseils. L'orgueil de l'imiter m'eût peut-être fait trouver du plaisir à me rendre. Voilà l'effet de la vertu. Mais j'étois parti. En arrivant, je vole à ses genoux. Vous concevez l'excès de mes transports ! les siens sont plus modérés. Je n'en suis point surpris ; je connois les bienséances, & je supplée à la franchise. Tout ce que je lui dis la dispensoit de me rassurer. Combien ma sécurité ne dût-elle pas la flatter ! Une femme qui pense, chérit autant l'intelligence d'un amant que son amour; la pudeur & le sentiment ont un pouvoir égal; les diviser pour être heureux, c'est affoiblir le bonheur de ce qu'on aime. Elle me parla de sa lettre, je lui dis que je ne l'avois pas reçue. Elle m'apprit ce qu'elle contenoit; je lui jurai que j'aurois renoncé à mes desseins, si j'avois lu ses réflexions. Elle ne dit plus qu'un mot; je répondis que Madame de Galeas n'auroit pas le temps de s'affecter de mon départ, & que j'avois donné d'ailleurs l'ordre de le lui cacher. Son ame, alors plus tranquille & plus contente de moi, se livra avec moins de réserve à sa situation. Je voyois des charmes qui me paroissoient nouveaux. Je les idolâtrois avant mon départ, mais la possession du cœur d'une femme ajoute à sa beauté. J'étois d'ailleurs plus amoureux; je voyois dans un objet charmant mille qualités que l'amour avoit développées; je me connoissois des droits que son silence m'avoit disputés long-temps ; enfin je la revoyois dans des circonstances toutes nouvelles, & toutes plus favorables à mon ardeur. Je me sentois entraîné par chaque mot, enflammé par chaque coup d'œil. Cependant ces principes étoient des liens qui me retenoient dans le cercle de mes devoirs. J'étois arrivé le soir ; je l'avois trouvée prête à sortir pour aller souper en ville. Elle me sacrifia son souper, ou plutôt elle oublia qu'elle étoit invitée. A la parure la plus noble succéda le déshabiller le plus galant. Vénus sans doute varioit ses graces ! Elle eût pris des leçons de Madame de Vaujeu. C'étoit un nouveau spectacle, un nouvel enchantement. Mes sens ne purent y résister. Ma raison ne conserva que le droit de les contraindre un moment. Nous soupâmes. Placé vis-à-vis d'elle, & puisant la volupté dans ses yeux, je craignois que mes regards n'alarmassent sa vertu. Cette vertu me faisoit trembler; je ſentois que la témérité la plus hardie me ſeroit néceſſaire. Honteux de mon projet, tourmenté par mon amour, effrayé de l'indiſcrétion de mes mouvements, je baiſſois les yeux, j'évitois ceux de mon Juge, je me cachois à *ma* victime. Madame de Vaujeu cependant me regardoit, me fixoit quelquefois, rougiſſoit, pâliſſoit tour-à-tour. Je vis que j'étois ſoupçonné; mais le délire ſe nourrit d'illuſion; je ne ſuppoſai qu'un combat entre l'amour & la vertu. Emporté par cette idée, je ſouhaitai que le ſouper finît, & mon impatience ſe manifeſta. Madame de Vaujeu ſe leva avec quelque promptitude; & en me donnant le regard le plus tendre, & le plus triſte, me pria de l'attendre. J'oſai encore expliquer ce regard. Je crus que, prévoyant ma victoire dans le tête-à-tête qui alloit ſuivre, elle étoit allée donner à ſa vertu expirante ces larmes ſinceres dont la pudeur a fait un tribut. Jugez de mon état, de mes transſports ſecrets, du feu qui couloit dans mes veines! les mouvements de mon cœur étoient ſi précipités que je ne reſpirois pas; je voulois m'occuper des plaiſirs qui alloient devenir mon partage; je ne le pouvois point; je ne liois plus mes idées; j'étois, pour ainſi dire, plongé dans un abyme de bonheur.... Les domeſtiques étoient ſortis; je vis que j'étois ſeul; que l'amour venoit d'écarter les obſtacles, que Madame de Vaujeu ſeroit ſans défenſe. Je me ſens enlevé de mon ſiege, pouſſé hors de ma place, entraîné dans l'appartement où je dois triompher. J'obéis à l'amour; je marche; je me précipite dans la route que le deſir me trace. Quelle eſt ma ſurpriſe en approchant du terme? Une femme de chambre paroît, m'arrête, me dit que ſa Maîtreſſe vient de ſortir, & me remet un billet; billet affreux que je vais vous tranſcrire, & qui ne s'effacera jamais de ma mémoire.

» L'honneur éclaire mon danger; il » est moins grand que le vôtre. Je puis » me dérober à vos desseins; peut-être » ne pouvez-vous plus échapper à mon » mépris? Si l'instant de votre réveil, » demain, n'est pas celui de votre dé- » part, je me croirai outragée par le » vice: vous saurez la résolution que » peut prendre la vertu ».

Cet Arrêt me désenchanta. Je sentis le remords terrible; la force me manqua, je tombai dans un fauteuil. J'oubliai que je n'étois point seul. Bientôt mon agitation alla jusqu'au transport; j'eus des convulsions, je marchois, je retombois, je n'étois plus à moi-même. Enfin, je demandai une plume & du papier. Pendant que je traçois mon désespoir, je sentis ma bouche se remplir. La violence de mes mouvements venoit de r'ouvrir ma plaie. Je voulus d'abord dérober mon état à la femme de chambre; la nature succomba à mes efforts. Je tombai sur le parquet sans connoiſſance, en vomiſſant le ſang. Un cri que j'entendis ranima mes ſens, j'arrêtai l'objet que j'effrayois. « Si Madame de Vaujeu eſt ici, lui dis-je, gardez-vous de l'inſtruire : faites ſur le champ appeller un Chirurgien, & des porteurs ; je ſens que je puis être tranſporté ». Cette femme connoiſſoit mes ſentiments, & beaucoup mieux ceux de ſa Maîtreſſe. Elle ne répond rien, elle me quitte ; j'attends ; je retombe, je me défends contre la mort ; je crois enfin expirer : mes yeux ſe ferment, je ne ſens plus rien.

Ma mort n'étoit pas prononcée, je revois le jour. Où ſuis-je tranſporté ? Quel ſpectacle m'environne ? Quel objet, ſur-tout, frappe & attache mes regards ? Vous le devinez ſans peine ? c'eſt Madame de Vaujeu. Je ne ſens plus que ſa préſence. J'apprends que je ſuis dans ſa maiſon ; ſa bonté m'humilie ; mon ame eſt tourmentée ; un regard le lui fait connoître, il eſt payé de ſes larmes. Que vous dirai-je enfin, ô mon ami! que l'amour peut inſtruire & perfectionner l'honnête homme. Je ne dis pas un mot à Madame de Vaujeu; je me ſens indigne d'exprimer mes remords. Je parle au Chirurgien, je le conjure de m'apprendre ſi mon état eſt dangereux: il me raſſure; j'exige qu'il ne me quitte point, qu'il me mette en état de partir promptement, qu'il s'engage à m'accompagner, & qu'il garde ſur ma confidence le ſecret le plus ſcrupuleux. Tout réuſſit au gré de mes deſirs. Quatre jours après je monte en chaiſe, ſans que Madame de Vaujeu puiſſe le ſoupçonner. L'Eſculape me ſuit, l'amour me ſoutient, la vertu me récompenſe. Jamais, en s'éloignant d'un objet adoré, on ne ſongea moins à l'abſence. En partant, je laiſſai le billet que vous allez lire.

« Je vous ai offenſée & je m'en punis.
» Je pars ſans répandre à vos yeux
» les larmes du repentir; jugez de

» l'opinion que j'ai de mon crime ».

J'arrivai avant-hier au ſoir. Je me ſens mieux qu'un coupable ne devroit être. J'ai écrit cette lettre à pluſieurs repriſes, & je la finis en regrettant que vous ne ſoyez pas auprès de celle que j'ai outragée.

BILLET

De la Comteſſe de Vaujeu, au Comte de Saleran.

VOUS avez fait une très-belle action, après une très-grande faute. Comme il m'eſt naturel d'être plus ſenſible à vos vertus qu'à vos défauts, je ne formerai point une balance; & vous pourrez jouir du mérite de votre dernier procédé. Lorſque j'aurai ſatisfait au penchant, je me prêterai aux conſeils de la raiſon, & j'oſerai vous parler à cœur ouvert ſur une imprudence qui, après cela, ſera oubliée pour jamais. Songez à vous rétablir, & ne perdez pas un moment à me rassurer sur votre état ; je crains que vous ne payiez cher l'honneur de vous être raccommodé avec moi.

BILLET

Du Comte de Saleran, à la Comtesse de Vaujeu.

VOTRE billet charmant m'arracheroit des portes du trépas. Le plaisir est un si bon médecin ! Je souffre plus de mes pensées que de mes maux. En vain vous voulez en adoucir l'amertume affreuse. Un cœur honnête & coupable échappe au prestige de la bonté. J'attends votre lettre comme un châtiment. Je ne vous dirai l'excès de mes remords qu'après que vous aurez satisfait à votre vengeance.

LETTRE LXV

Du Chevalier de Derville, à la Comtesse de Vaujeu.

JE vous envoie, Madame, la lettre la plus importante que vous lirez de votre vie. M. de Saleran y prend le caractere de la vérité pour accuser sa conduite, & pour exprimer son désespoir. Vous lirez, & vous serez touchée. J'ose vous donner un conseil. Je suis vrai, je vous honore; je sais ce que vous vous devez dans cette circonstance; mais j'ai vécu; je connois le cœur humain: vous pouvez vous fier à moi. M. de Saleran n'a commis qu'une imprudence. La surprise des sens n'est point le crime du cœur. On peut dire tout ce qu'on veut dans les romans; la vertu doit être dans la nature. Il faut une entreprise concertée, pour constater l'outrage;

l'outrage ; il n'y en a point ici ; un desir n'est pas un projet. Le Comte étoit innocent lorsqu'il arriva à Paris ; vos charmes troublerent sa raison ; rien n'étoit prévu, le délire est son excuse ; l'amour l'absout ; la vertu seule peut l'accuser ; mais la vertu dans une très-belle femme, n'a pas autant de droit que vous vous l'imaginez. En un mot, il est question du principe des choses, & des motifs d'un amant. Mon ami dans sa lettre explique tout, & répond à tout. Il ajoute à la clarté des détails, l'énergie du repentir. Je m'imagine que la précaution est votre unique droit, & que l'indulgence est le sien.

LETTRE LXVI

De la Comtesse de Vaujeu, au Comte de Saleran.

NON, je ne cherche point à me venger en vous écrivant. Mes idées sont plus nobles, & vous en reconnoîtrez aisément la source. Dans les premiers moments j'ai senti de l'indignation ; aujourd'hui je n'éprouve que de l'attendrissement ; c'est votre sort qui m'occupe ; je ne raisonne & n'écris que pour vous. J'attribue à l'habitude ce qui vous est arrivé. Combien votre cœur ne doit-il pas être corrompu, puisque sans espoir vous pouvez vous livrer au desir ! Il est donc le principe qui meut votre ame ? & vos attachements ne sont que des goûts ? Je le crois, & vous plains. Voilà les suites de ces liaisons inconséquentes où les sens sont le mobile de tout. On ne voit que les charmes de l'objet & de l'occasion. On desire, ne pouvant pas aimer; on change après la fantaisie; on rencontre de nouveaux charmes; on forme les mêmes vœux; on a le même succès, on éprouve le même ennui; les occasions se renouvellent, les caprices se perpétuent; l'habitude est formée; la nature ne peut plus résister à l'imagination; le cœur est corrompu sans retour... J'ai le plaisir de croire que vous n'aviez pas formé le projet de m'offenser; j'ai même le bonheur de penser que vous me distinguez des femmes qu'on offense, & qui pardonnent. Mais enfin vous m'avez prouvé qu'il étoit chez vous quelque chose de plus puissant que l'amour, & de plus naturel que le respect. Vous m'avez confondue avec les femmes qui ne sont que jolies; vous m'avez appris qu'un aveu avoit presque la conséquence d'une foiblesse; & vous m'avez réduite à redouter ces chaînes sur lesquels j'établissois l'opinion de votre constance. Interrogez-vous, & jugez-moi. Je vous pardonne des mouvements dont vous avez rougi ; j'ai promis de les oublier, & je serai fidele à ma parole. Mais je me sens obligée de vous plaindre, & je substitue les conseils aux reproches. Réfléchissez sérieusement aux avantages qui résultent de la délicatesse des idées & de la pureté des sentiments. Peignez-vous un attachement où il y a toujours quelque chose à mériter & à obtenir, après les faveurs de l'Hymen ; représentez-vous ces hommes qui ne sont point amants avant la cérémonie, parce qu'ils n'ont que des desirs ; & qui ne sont qu'époux, après la possession, parce qu'ils ne forment plus de vœux. Ce tableau doit vous alarmer ; il est effrayant pour moi-même. Je vous laisse à vos réflexions. Je joins aux miennes un dernier avis. Dissipez-vous ; occupez-vous ; instruisez-moi. Vous trouvâtes dans les Beaux-Arts des ressources précieuses, lorsque vous vous vîtes plongé dans le néant par l'indifférence. Ils s'offrent à vous dans une occasion plus pressante. Saisissez leurs bienfaits : pouvoir les partager avec moi doit être un motif de plus pour vous.

BILLET

Du Comte de Saleran, à la Comtesse de Vaujeu.

QUELLE lettre! Combien mon cœur se sent éclairé! Vous corrigez la nature, & vous perfectionnez l'amour. Je n'ose pénétrer dans mon ame coupable. Heureusement je n'ai plus besoin de me connoître. De quelque source que soient nés mes desirs, je vous les immole. Vous ne m'aurez pas appris en vain à être digne de vous. Oui, les Beaux-Arts me tiendront lieu des plus douces erreurs. Prescrivez-moi un emploi particulier de mes connoissances; inspirez-moi vos idées, appropriez-vous tous mes avantages. Puis-je moins vous offrir, quand j'ai tant à réparer?

LETTRE LXVII

Du Chevalier de Derville, au Comte de Saleran.

VOUS êtes un imprudent bien honnête, & un malheureux bien intéressant. Votre lettre m'a pénétré; j'en ai fait un bon usage. Votre grace est déjà dans le cœur que vous avez blessé. Mais n'abusez pas des soins de l'amitié, & des effets du repentir. L'amour peut avoir une indulgence inépuisable; la vertu ne pardonne qu'une fois. Les femmes que nous avons connues n'étoient pas Madame de Vaujeu. Vous commencez une vie nouvelle; il faut en connoître les devoirs & en mériter les plaiſirs. Je conçois la révolte des ſens, après vingt ans de liberté, lorſqu'une gêne rigoureuſe les réduit à une dépendance abſolue. Mais le bonheur d'être aimé n'eſt infini que parce qu'il coûte des ſacrifices ; & ſoyez perſuadé qu'on ne le ſent que lorſqu'on en eſt digne. Aujourd'hui que votre imagination a pris ſon vol, il vous ſera difficile de la ramener au principe d'une vertueuſe obéiſſance. Ces yeux qui vous enflammerent s'offrirent ſans ceſſe à vous avec des charmes plus puiſſants ; vous ſerez tourmenté ; & peut-être ne goûterez-vous, de long-temps, la ſatisfaction ſecrete des cœurs que la délicateſſe conſole. Un ſeul deſir peut faire le malheur de la vie. Il vous reſte cependant des reſſources. Vous êtes adoré, & vous ſavez que vous ſerez heureux. Hâtez le moment du bonheur, par l'artifice de l'amour. Offrez un homme tout nouveau ; peignez vos ſentiments avec cette teinte délicate qui charme jusqu'à la raison ; ne montrez que le cœur ; faites oublier que vous fûtes volage ; faites desirer le bonheur de récompenser une ardeur si épurée. Cet artifice est innocent, & l'effet en est certain. Pour vous mettre en état de l'exercer avec un peu de constance, occupez, tour-à-tour, votre esprit à des choses sérieuses & frivoles ; faites de l'exercice, courez le cerf, reprenez les instruments, les crayons, le pinceau, la plume, qui sont, sans doute, très-négligés. Exigez de vos amis qu'ils vous instruisent des nouvelles, des folies de Paris. Voilà des moyens ; il ne manque que la résolution. J'ose croire que vous raisonnerez, & que Madame de Vaujeu n'aura pas aimé un de ces êtres pusillanimes, qui voient un tyran dans la nature, pour se dispenser de combattre leurs passions.

LETTRE LXVIII

Du Comte de Saleran, au Chevalier de Derville.

J'AVOIS reçu une lettre de Madame de Vaujeu, avant que la vôtre arrivât. Elle renferme les mêmes conſeils. Ma réponſe ne contient guere que le ſerment de les ſuivre. J'entrerai dans quelques détails avec vous. Il eſt trop vrai qu'une habitude de vingt ans nuit à une méthode nouvelle. Les ſens ſont peut-être ce qu'il y a de plus impérieux en nous, parce que la raiſon influe moins ſur les ſenſations, que ſur les ſentiments. Il ſemble que l'eſprit dédaigne d'éclairer une partie qui n'eſt généralement pas digne de ſes ſoins. J'aurai beaucoup à ſouffrir. Madame de Vaujeu a des charmes dont rien ne peut balancer l'empire. Il eſt mille fois plus facile de la fuir que de la respecter. Je connois mes devoirs ; mais le trait qui me déchire a pénétré trop avant ; plus je raisonne plus j'en ressens l'atteinte ; la réflexion n'éclaire que mon malheur. S'il faut que j'avoue tout, j'oserai vous dire que la nature est absolument révoltée. Ne remontons plus jusqu'au principe du mal : il m'est connu comme à vous, mais il existe. Dans le premier instant de mes remords, j'ai tout promis, j'ai cru que je régnerois sur moi-même. En m'examinant mieux, j'ai vu la gloire des sacrifices ne m'offrir plus qu'un fantôme de bonheur ; & depuis deux jours mes idées sont des tourments. Je prévois cependant que je n'offenserai plus Madame de Vaujeu : elle ignorera jusqu'à mon supplice. Mais que deviendrai-je ? Quel asyle pourrai-je trouver contre l'ennemi qui me poursuit ? Je le sens dans le fond de mon cœur, il a des intelligences avec toute la nature. Vous me parlea de distractions, d'exercices ? Ah! mon ami, vous n'avez pas mon ame! Vous n'aimez pas Madame de Vaujeu!... Pour pouvoir suivre avec succès le conseil que vous me donnez l'un & l'autre, j'ai cru qu'une action honnête & déterminée, vaudroit mieux qu'une occupation vague. Je suis allé voir Madame de Galeas : elle m'avoit fait demander cette visite; plusieurs billets tristes avoient précédé sa demande. Je me rendis hier auprès d'elle; je crus que je trouverois quelques secours dans l'ennui de cet entretien. Je n'ai rapporté que des dispositions qui ne sont rien moins que favorables à mon état. Vous voyez combien je suis à plaindre ? Je n'ose vous dire combien je puis encore le devenir. Adieu.

LETTRE LXIX

De la Comteſſe de Vaujeu, au Comte de Saleran.

VOUS avez ouvert une carriere immenſe à mon ambition. Je ne ſerai pas auſſi modeſte que vous êtes généreux. Puiſque vous m'engagez à m'enrichir de toutes vos connoiſſances, je ſongerai à mes amis, qui me tourmentent tous les jours en excitant ma vanité. Je veux même vous lier par un plan. Je viens d'en former un. Juſqu'à préſent les inſtructions ont été vagues : des idées ſans ſuite n'ont produit, en quelque façon, que des coups-d'œil ſans effet. Il y a des principes, des regles, des préjugés, des abus. Je deſire que tout cela réuni devienne l'objet d'un ſyſtême, & que chaque lettre que vous m'écrirez, relativement aux édifices publics, ou aux maisons des particuliers, soit une conséquence du jugement général que vous portez des idées & des choses. Si, malgré l'honnêteté de vos propositions, l'envie de m'obliger n'est pas extrême, vous me ferez des difficultés; mais je vous ramenerai impérieusement au respect de vos engagements. En vain me direz-vous que ce que je vous demande est un cours suivi? je répondrai que, lorsque les mots forment les obstacles, les sentiments ne sont que des mots; que si j'avois voulu m'arrêter à des objets plus réels, je n'aurois rien à exiger de vous aujourd'hui; & qu'enfin vous êtes trop heureux que je ne vous punisse qu'en vous offrant l'occasion de m'obliger. Voilà, Monsieur, ce que vous vous attirerez, si vous n'êtes pas prompt comme l'éclair, & docile comme l'agneau.

Je sens que malgré toutes les dispositions que je puis vous supposer, après m'être expliquée aussi positivement, il eſt impoſſible qu'il n'y ait pas un intervalle entre mes deſirs & leur effet. Il faut préparer ce ſyſtême que je veux voir éclorre; il faut raſſembler les objets qui doivent déterminer ſucceſſivement la critique & la louange. Je ne ſuis point injuſte; mais, comme le deſir de m'inſtruire entraîne quelqu'impatience, je vous prie de m'occuper de quelqu'objet particulier, en attendant l'exécution du plan général. Je vais encore vous fournir une idée. J'allai il y a quelques jours chez la Ducheſſe de ***. Je ne connoiſſois point ſon hôtel; on en parle tous les jours; je voudrois ſavoir ce que vous en penſez. Ne m'épargnez ni les détails ni les réflexions, ou plutôt ne vous épargnez pas vous-même. Vous avez ſi bien l'art d'inſtruire, qu'il n'y a pas moyen de vous faire grace d'une penſée.

LETTRE LXX

Du Comte de Saleran, à la Comteſſe de Vaujeu.

JE ſuis peu digne de vous inſtruire, mais incapable de vous refuſer. Je travaille avec la docilité de l'agneau ; j'aurai la rapidité de l'éclair ; heureux, ſi j'avois le vol de l'aigle. Si je pouvois jouir de ce bonheur, je le devrois à vos idées. Vous craignez que je ne les contrarie ! Vous ai-je appris que je ne ſavois pas admirer ?

Vous aurez inceſſamment des preuves de mon zele à cet égard. Vous ſouhaitez aujourd'hui que je vous entretienne de l'Hôtel de ***. Vous allez être ſatisfaite.

Cet Hôtel a été bâti ſur les anciennes fondations qu'on a voulu conſerver. Les travaux ont été conduits par

M. L***., jeune Architecte qui, ne manquant pas de génie, se laisse entraîner au torrent, & néglige, ainsi que la plupart de ses émules, les convenances, les proportions, & ce style soutenu qui doit se manifester dans toutes les productions de l'art. Je ne suis point Architecte; mais ayant beaucoup vécu avec ceux de la premiere classe, j'ai appris de bonne heure, que le premier mérite de l'Architecture consistoit, de la part de l'Artiste, à n'employer du génie de l'art que ce que le goût autorise; & que celui-ci n'admettoit que rarement les contrastes, dans une même ordonnance. D'après cela, vous serez frappée de la dissonance qu'offre la décoration de la nouvelle façade, du côté de la cour de cet Hôtel. Vous y verrez un ordre ridiculement colossal, dont les entrecolonnements resserrés, laissent, à peine, de la place pour l'ouverture des portes & des croisées, lesquelles se trouvant dans un espace infiniment

finiment trop étroit, ſont alors dépourvues des membres d'architecture qui leur appartiennent. Cette juſte obſervation entraîne une réflexion importante. Daignez me la permettre. Ceux de nos Artiſtes, dont j'accuſe ici la jeuneſſe, croiront-ils encore longtemps que leurs ſuccès dépendent d'employer des ordres-colonnes ou pilaſtres? Ils les font, à la vérité, moins petits que ceux qu'avoient imaginés les hommes qui les précéderent; mais ils ne conſiderent pas que la hauteur démeſurée qu'ils leur donnent, caractériſent le ridicule & le mépris des regles; parce que cette grandeur giganteſque s'accorde mal avec les autres parties de l'Architecture, ſoumiſe néceſſairement à la ſtature humaine, principalement lorſqu'il s'agit des bâtiments d'habitation. Le progrès du mauvais goût à cet égard, je dirai même de l'audace, augmente tous les jours depuis quinze ans. Il n'y a guere d'éleves, à peine ſortis de la pouſſiere de l'Ecole, qui, à la premiere occaſion qui ſe préſente, ne faſſent uſage des colonnes, duſſent-elles n'être que flanquées, ou engagées. Ils font plus, ils dogmatiſent; ils élevent la voix contre tout ce qui n'eſt pas conforme à leur ſyſtême; & leurs Maîtres, ſelon eux, ſont plongés dans le ſommeil de l'habitude. Plus j'ai eu occaſion de réfléchir, plus j'ai conféré avec les hommes diſtingués dans cet Art, plus j'ai examiné les belles productions des Grecs, des Romains, de quelques Français, & plus j'ai reconnu que l'unité, les proportions, les rapports, & une belle ſimplicité formoient l'eſſence de l'art. Dans l'Hôtel dont je vous parle, la grandeur de l'ordre vous a repouſſée infailliblement. Il eſt non ſeulement vicieux en lui-même, par l'exagération; mais il devient preſque impoſſible de le conſidérer dans la façade entiere, par le défaut d'eſpace &

la disposition du local. Je doute fort d'ailleurs que la maniere dont cet ordre est couronné ait pu vous faire plaisir. Les statues m'ont paru trop petites, & les toitures percées par des ouvertures ignobles, sont cependant ornées de dorures qui annoncent une prétention déplacée. Voilà l'effet d'un amour-propre faux, & d'une imagination déréglée. On donne à une maison bourgeoise l'air d'un hôtel, à celui-ci le faste d'un palais. Peut-on oublier, peut-on ne pas sentir qu'il est un caractere propre à chaque édifice? J'ai conféré cent fois avec un homme très-célebre dans cet art, & je tiens de lui ce qu'il tenoit des Mansards. L'objet le plus essentiel dans l'Architecture, est de savoir assigner à l'ordonnance des façades un caractere relatif à l'objet que l'on veut former. Un grand ordre ne doit s'appliquer qu'à un monument sacré, ou à un édifice public..... Je vous dirai en confidence, que je soupçonne le jeune Architecte d'être intérieurement persuadé qu'il s'est trompé à cet égard. Il vous suit par-tout avec complaisance, lorsque vous venez examiner cet Hôtel, & s'applique à vous faire remarquer que les chapiteaux de ses ordres sont sculptés avec art; que les statues sont du ciseau d'un tel; qu'ic iil a observé des ornements dans le genre antique; là, des formes à la grecque; qu'il a su enfin s'affranchir de la routine. Il vous fera ce discours; il me l'a fait à moi-même; & il me semble qu'uni à l'attention de suivre tous vos pas, il décele le dessein d'intéresser ou d'éblouir, pour prévenir le jugement qu'il peut craindre. J'ai une seconde réflexion à faire, plus contraire aux intérêts de sa gloire. On l'accuse d'être plus imitateur que créateur; & malheureusement pour moi je me sens entraîné dans le tourbillon. L'on perd nécessairement le bon esprit quand on se voit trop pressé par les apparences.

On assure, par exemple, que la porte de cet Hôtel, que j'ai trouvé assez ingénieuse, quoique d'une composition extraordinaire, est la copie d'un pareil dessin, faisant partie d'un Recueil qu'un Architecte de goût a publié depuis quelque temps. J'ai fait venir ce Recueil ; & j'ai effectivement trouvé (*planche LVIII*) une porte triomphale, qui, à l'antique près qui la couronne, paroît avoir donné l'idée de la porte dont je parle. On assure encore que cet Architecte a copié la disposition, la forme, & la principale distribution d'un plan gravé depuis trente ans, mais peu connu. Pour m'assurer du caractere de l'accusation, j'ai fait venir une épreuve du plan, & une esquisse du projet exécuté. Je n'ai vu de différence entre l'un & l'autre, que dans quelque parties de détail, qui ne sont pas à l'avantage de ce qu'on regarde comme la copie. Le plan fut fait anciennement par feu le Blond, Architecte Français, que le

Czar Pierre I. emmena avec lui à ſon départ de Paris pour la Ruſſie. Il devoit ſervir à la conſtruction des écuries que ce Prince ſe propoſoit de faire élever à Moſcow. Je reviens à l'objet que j'ai commencé à traiter.

Vous ſerez moins mécontente, en général, de la façade de cet Hôtel, du côté du Jardin. Son ordonnance eſt plus développée ; & ſon étendue comporte les membres d'architecture qui la décorent. Son ſtyle eſt auſſi plus convenable On y remarque enfin des repos qui mettent chacune des parties à leur place ; & l'on eſt obligé de conclure que c'eſt pour avoir trop multiplié les objets dans la façade précédente, que l'Artiſte a fait une ordonnance plus confuſe que belle.

Il me reſte à vous parler de l'intérieur de cette maiſon. Les diſtributions en ſont aſſez bien entendues pour une reſtauration. Il ne faut cependant pas vous attendre à trouver un nombre complet de pieces, & ce qu'on appelle une diſtribution vraiment intéreſſante. Dans un beau plan, chaque piece doit annoncer ſon uſage particulier: dans cet Hôtel, vous trouverez des antichambres compriſes dans l'enfilade des appartements; de maniere que la communication des Maîtres ſe trouve interceptée par la préſence, plus qu'indiſcrete, des domeſtiques. Je n'ai pas beſoin de vous dire que c'eſt ici un défaut, particuliérement lorſque le bâtiment eſt double dans ſa profondeur; il ſeroit à peine excuſable dans un bâtiment ſimple (*).

(*) Pour bien entendre les termes de l'art, que je ne puis quelquefois me diſpenſer d'employer, muniſſez-vous du Dictionnaire d'Architecture de Daviler. Il eſt eſtimé avec raiſon; & on le trouve chez Jombert, rue Dauphine. Vous auriez plus d'avantage à vous procurer un Cours d'Architecture en neuf vol. *in*-8°. Il eſt chez la Veuve Deſaint, rue du Foin Saint Jacques. Il raſſemble toutes les Leçons données par M. Blondel, Architecte du Roi, &

A ce défaut près, qu'on ne peut reprocher à l'Architecte, vous ferez frappée de la magnificence répandue dans le plus grand nombre des pieces. J'ose croire cependant que les ornements & la dorure y dominent trop, & que l'architecture n'y est qu'en sous-ordre. Je pense, sur-tout, qu'elle est privée de l'analogie qu'elle devroit avoir avec la sculpture, qui, tantôt mâle, tantôt trop légere, semble annoncer, par ses contrastes, le nombre d'Artistes qui y ont été employés. Vous remarquerez d'ailleurs, que l'Auteur, seulement occupé à consacrer sa décoration à l'art de la guerre, a suspendu des trophées d'armes à des tiges de palmier, qui semblent prendre racine dans le parquet, quoique, d'un autre côté, ces mêmes tiges se trouvent masquées, en

---

Professeur Royal au Louvre; Leçons que j'ai suivies plus d'une fois avec fruit & avec un très-grand plaisir.

grande partie, par la hauteur des fauteuils, dans la traverse supérieure desquels alors ils paroissent entés après coup. Le terme d'inconséquence ne seroit point, ici, trop fort, parce que les lambris d'appui étant, en quelque sorte, aux lambris de hauteur, ce que le piedestal est à l'ordre; ils sont faits, dans leur distribution particuliere, pour contenir le dossier des sieges. Il en faut convenir sans doute, malgré tous les charmes de l'invention & de la nouveauté, il est bien difficile d'imaginer des ornements allégoriques, & toujours vraisemblables. Si l'on en employoit moins, si le même crayon guidoit le génie de l'ordonnateur, & s'il ne se confioit pas imprudemment à des hommes, en second, qu'il occupe, vous verriez renaître ces beautés vraies, nobles & simples, qu'on a lieu de regretter. On s'en éloigne étrangement aujourd'hui; on préfere la richesse à la beauté; on se persuade qu'en mettant beaucoup de tableaux, de dorure, de glaces, de bronzes, de porcelaines, de cryſtaux, d'étoffes variées dans un même lieu, on produit un chef-d'œuvre. Ces erreurs cauſent bien des regrets, & donnent bien des dégoûts.

LETTRE LXXI

De la Marquiſe de Galeas, au Marquis de Salanci.

UN eſprit long-temps malade, & trop digne de votre pitié, va vous paroître en délire, à la lecture de cette lettre. La vérité y fait tort à la vraiſemblance. Je vous vois hauſſer les épaules, lever les yeux au Ciel; & vos exclamations ſont celles dont on honore une folle. Croyez pourtant que je ne rêve point, que je n'extravague point. La pureté du jour eſt dans ma tête, le charme du plaiſir eſt dans mon cœur..... J'étois sans espérance de vivre. M. de Saleran m'avoit écrit un billet consolant ; mais il étoit parti en me l'envoyant. Ce départ s'accordoit mal avec ses expressions ; je me croyois l'objet d'un mépris déclaré ; & je n'étois plus soutenue, sur le bord du tombeau, que par le désespoir. Il revient peu de jours après. Je lui écris ; il répond honnêtement. Un second billet a le même succès ; j'écris encore ; j'exige sa visite : il se rend à mes voeux. Vous jugez de mon trouble, de mon agitation, en le voyant ? M. de Saleran étoit embarrassé, mais point froid. Je lui dis : votre sensibilité, Monsieur, me sauve le chagrin auquel j'étois préparée : vous ne pouvez envisager sans pitié une victime de votre prévention ; il m'est doux de voir ma mort honorée du témoignage secret que vous rendez à mon cœur..... Il avoit les yeux fixés sur moi ; je vis qu'il étoit ému. Vous ne mourrez point, Madame, répondit-il, ces mots me font plus affreux qu'à vous-même. Je suis touché de vos douleurs, pénétré de vos sentiments : que mon amitié répare tout, & m'acquitte envers vous..... Vous n'avez rien à réparer, repris-je ; je fus coupable, je suis punie : mon jugement a précédé mes maux ; il est le plus grand de tous ; je n'éprouve que ce que j'ai voulu souffrir ; dans ce moment, le danger où je suis a des charmes pour mon cœur : mais ne me fermez point le vôtre ; ne me haïssez point..... En prononçant ces derniers mots, je sentis que toute ma force étoit épuisée. Je me trouvai mal, en effet ; je restai sans connoissance. Le Comte fut le plus empressé à me secourir. Une de mes femmes crut devoir me l'apprendre. Croiriez-vous que je souhaitai de retomber dans le même état ? On nous laissa lorsque je fus revenue à moi-même. Je ne sais si la douleur répandoit de l'intérêt dans ma physionomie, le Comte me regardoit avec une attention qu'on n'obtient point d'un cœur qui n'eſt que touché. Depuis quelques jours, ſoutenue, à demi, par l'honnêteté de ſes billets, j'avois ſenti la nature lutter avec avantage contre la foibleſſe; l'attente de ſa viſite m'avoit, ce jour-là, conduite à ma toilette; l'eſpoir, peut-être, avoit réparé une partie des pertes cauſées par le chagrin. Quoi qu'il en ſoit, le Comte me regardoit avec intérêt. J'oſai interroger ſon ame par mes regards; ils étoient, ſans doute, bien tendres? Je le vis s'affecter par degrés. Nous ne parlions point. Il rêvoit; je ſoupirois. Un mouvement involontaire porta ma main contre la ſienne; il la prit en me diſant: « Je ne veux point que vous » ſouffriez davantage; vos maux de- » viennent les miens; ne pouvant les » guérir par le retour de mon cœur, je » les adoucirai par la vérité de mes » ſoins; vous aurez un ami auſſi ten- » dre qu'un amant ». Après les idées que je venois de me permettre, ces mots devenoient mon arrêt. La réflexion fut prompte, l'effet ne fut pas moins rapide. Un ruiſſeau de larmes coula de mes yeux; des ſanglots en arrêterent le cours; je ne me contraignois point; j'étois près d'étouffer. Je le vis attendri : il reprit ma main qu'il ſerra; il ſe plaça près de moi. « Remettez-vous, » me dit-il, remettez-vous, je vous en » conjure; vous me pénétrez; je veux » raiſonner avec vous; il eſt tard; cette » ſcene ſeroit encore longue; promet» tez-moi d'être plus ferme, plus tran» quille; & je m'engage ſolemnelle» ment à revenir dans quelques jours ». Vous jugez que, bien ſûre de ne pas tenir parole, je promis tout. Je pleurois encore; il appuya ſon mouchoir ſur mes yeux : le doux frémiſſement que j'éprouvai, fut peut-être ce que j'ai ſenti de plus vif en ma vie. Il me quitta enfin; & je quitte moi-même la plume, en vous laiſſant juger de mes ſentiments ſecrets, par le plaiſir que m'a cauſé ſa vue, & par l'impatience que me cauſe l'eſpoir de ſon retour.

LETTRE LXXII

Du Comte de Saleran, à la Comteſſe de Vaujeu.

MALGRÉ la vivacité de mon ardeur, il ne m'eſt pas poſſible de vous ſervir encore. Je ſuis obligé de faire des recherches, & mon éloignement les rend difficiles & lentes. Souffrez que je me conſole de ce retardement très-involontaire, en portant vos yeux ſur les objets de peinture dont j'ai encore à vous entretenir.

L'Ecole Flamande ſe diſtingue des autres Ecoles par une parfaite intelligence du clair-obſcur; par un travail extrêmement fini, ſans ſécchereſſe; par un pinceau moëlleux, & une union admirable de couleurs bien assorties. Ses défauts sont ceux que l'on reproche à l'Ecole Allemande. Ils consistent à rendre ces Peintres trop serviles imitateurs de la nature. Ils semblent avoir ignoré ce beau idéal auquel une imitation trop exacte est un obstacle inévitable, & qu'on ne peut acquérir sans le génie de l'interprétation. Quand on s'impose pour loi de rendre la nature telle qu'elle est, on n'a ni l'esprit ni le courage de la rendre telle qu'elle pourroit être. La pusillanimité & le scrupule deviennent aussi contraires que le défaut d'idées; & l'on tombe dans un précieux qui souvent approche du mesquin. La plupart des Peintres Flamands n'ont que trop justifié ce reproche. Deux grands hommes, parmi eux, ne l'ont cependant jamais mérité; je parle de Rubens & de Vandick : la supériorité de leurs talents & l'élévation de leur génie les mettent au rang des premiers Peintres du monde.

Je crois ne devoir pas vous dissimuler que j'ai naturellement peu de goût pour les productions de cette Ecole. Je distingue, sans doute, les deux Artistes que je viens de nommer, & quelques-uns encore ; les autres, malgré leur talent, ne me font pas goûter leurs ouvrages. J'ai une antipathie secrete pour le genre familier, & j'exige du moins que, dans ce genre, le goût se manifeste par le choix. Cet aveu étoit nécessaire. Dès que vous desirez que mes avis puissent vous instruire, je dois vous apprendre à choisir autant qu'à juger. Vous trouverez dans quelques Cabinets de Paris, un mêlange plus qu'indiscret des ouvrages des Peintres des trois Ecoles ; je vous apprends que d'avance vous avez le droit de condamner cet usage. On croiroit entrer dans la boutique d'un marchand de tableaux, en voyant cette confusion. Il y a des choses où la premiere impression est un jugement. Vous trouverez dans mes appartements la distinction & le choix que je desire. Dût-on n'avoir que vingt tableaux de chaque Ecole, on doit les séparer les uns des autres, & les placer suivant leur degré de perfection. Je passe des raisonnements aux faits.

Rubens (59), après avoir étudié sous Olto-Vænieus, partit, par ses conseils, pour l'Italie. Il fit, à Mantoue, une étude particuliere des ouvrages de Jules-Romain. Delà il fut à Rome, où il laissa plusieurs de ses tableaux. Il passa à Venise, où il étudia le Titien, Paul Veronnese, & le Tintoret. Cette nouvelle étude changea sa maniere de peindre, qui tenoit à celle du Carravagge; il se fixa à celle pour laquelle il étoit né, qu'il connut mieux alors. Après avoir revu Rome, où il retourna encore, il revint en Flandres, d'où il fut appellé à Paris, par Marie de Médicis, pour peindre la Galerie du Luxembourg, tableaux qu'il alla faire à Anvers, & qu'il vint mettre en place en 1625. Cet habile homme unissoit la Politique à la Peinture : ce qui le fit rechercher par différentes Puissances, qui l'employerent à des négociations dont il s'acquitta avec beaucoup de succès. Il obtint des récompenses, des titres & des honneurs proportionnés à ses talents; aussi vécut-il avec un éclat qui égaloit celui de sa réputation. Sa figure, d'ailleurs, & ses manieres étoient nobles, sa conversation brillante. Il eut beaucoup d'amis, & ils furent tous distingués par la naissance, ou par le mérite. Il travailloit avec une si grande facilité, qu'il trouvoit le loisir de se livrer à d'autres études; celle des Poëtes lui fut aussi agréable qu'elle lui paroissoit nécessaire.

Après vous avoir parlé de l'universalité de son génie, je vais entrer dans quelques détails sur son talent pour la Peinture. Il avoit une imagination vive & féconde; les attitudes de ses figures sont naturelles & variées; ses airs de tête, sur-tout, ont un caractere de beauté tout-à-fait particulier, & presque absolu. Ses expressions sont d'une vivacité surprenante. On ne peut trop applaudir à son intelligence pour le clair-obscur. Aucun Peintre n'a mis autant d'éclat dans ses tableaux, & ne leur a donné, en même temps, plus de force, plus d'accord & plus de vérité. Son pinceau est moëlleux; sa touche facile, & légere; ses carnations fraîches, & ses draperies jetées avec beaucoup d'art. Il s'étoit fait des principes lumineux qui l'ont guidé dans tous ses ouvrages. Peut-être son dessin est-il un peu lourd; il se ressent en cela du caractere flamand; la rapidité constante de son travail peut l'avoir fait tomber dans ce défaut. Mais on remarque que lorsqu'il a voulu soigner ses ouvrages, il a su les mettre à l'abri de ce reproche. Je vous parlerai, dans une autre occasion, de ses dessins: ils méritent une attention particuliere; cet article est déjà assez long.

On ne peut s'arrêter, quand on parle d'un grand homme.

Vandick (60) s'annonça par des succès si rapides, que, très-jeune encore, il indiqua ce qu'il devoit être un jour. Après avoir pris les connoissances de son art chez Van-Balen, Peintre Flamand, il entra dans l'Ecole de Rubens, où il se mit bientôt en état de l'aider dans ses ouvrages. Vandick a montré, dans ses premieres compositions, quels furent les principes de Rubens pour l'Histoire. Cependant, quoique très-habile, il n'est devenu ni aussi universel, ni aussi savant que son Maître. Mais, comme lui, il a joui de la plus brillante fortune, & de la grande distinction accordée aux vrais talents. Il a, surtout, excellé dans les portraits : ce qui lui a mérité le titre de Roi *du Portrait.* Il séjourna quelque temps en France; delà il passa en Angleterre, où il épousa la fille de Milord Ricten. Son train étoit magnifique; il recevoit à sa table les perſonnes de la plus haute conſidération ; ſes équipages étoient nombreux. Une paſſion invincible pour l'Alchymie abſorba ſa fortune : dans les derniers temps de ſa vie, il fut obligé de recourir à ſa palette. Son travail ſe reſſentit de la précipitation qui en marquoit le beſoin ; auſſi ſes derniers ouvrages ſont-ils moins eſtimés que les premiers. Ce Peintre a quelquefois péché contre la correction du deſſin ; mais ſes têtes & ſes mains ſont admirables. Aucun Artiſte n'a ſu mieux que lui ſaiſir le moment où le caractere d'une perſonne ſe développe de la maniere la plus avantageuſe. On ne peut rendre la nature avec plus de grace, d'eſprit, de nobleſſe, &, en même temps, avec plus de vérité. Il entendoit ſupérieurement le coſthume & l'art des ajuſtements ; & cette circonſtance contribue à rendre ſes ouvrages infiniment précieux. Vous en trouverez beaucoup dans le Cabinet du Roi &

chez M. le Duc d'Orléans. Vous en verrez auſſi beaucoup des autres Maîtres de l'Ecole Flamande. Mais, ſi ce genre vous intéreſſe, voyez particuliérement le Cabinet de M. Blondel de Gagny : il renferme la collection la plus nombreuſe que nous ayons aujourd'hui.

Tenieres (61) ſurpaſſa ſon pere dans la Peinture, & jouit de la réputation, des honneurs & de la fortune. Les plus grands Princes, qui ſe piquoient de quelque goût pour ſon art, le rechercherent avec beaucoup d'empreſſement, & le virent avec beaucoup de diſtinction. Les ſujets ordinaires de ſes tableaux ſont des ſcenes bachiques. Il a fait auſſi pluſieurs tentations de Saint Antoine, des corps-de-garde, &c. Il ſavoit imiter ſi ſupérieurement la façon des meilleurs Peintres, que les connoiſſeurs même s'y ſont trompés quelquefois. Il manioit le pinceau avec beaucoup de facilité. Ses ciels, très-bien rendus, ſont d'une couleur lumineuſe. Il touchoit les arbres avec une très-grande légéreté, & donnoit à ſes petites figures une expreſſion & un caractere admirables. En un mot, ſes tableaux ſont le miroir de la nature, quoiqu'on lui reproche d'avoir donné quelquefois dans le ton gris; & d'avoir, en général, fait ſes figures courtes. La liberté que j'ai de dire mon avis avec vous, m'engage à vous avouer que je n'aime pas le genre de ce Peintre; je le trouve bas, trivial & commun; je préfere ſes deſſins à ſes tableaux; on peut dire qu'ils ſont pleins d'eſprit & de légéreté. Louis XIV, qui avoit de la grandeur dans ſes goûts comme dans ſes idées, n'étoit point touché du talent de cet Artiſte: auſſi ne voit-on qu'un ſeul de ſes tableaux dans le Cabinet du Roi.

Renbrant (62) négligea toute eſpece d'étude pour ſe livrer au deſſin. Il étudia la Peinture ſous pluſieurs Maîtres, qui furent tous étonnés de la rapidité de ses succès. Il avoit reçu de la nature un heureux génie. On est bientôt grand homme, quand la nature y contribue par des dons marqués ; & l'on ne l'est presque jamais sans cet avantage. Renbrant possédoit, à un degré éminent, le clair-obscur. Il est égal au Titien pour la fraîcheur & la vérité des carnations. Ses tableaux, regardés de près, paroissent heurtés ; mais, à une certaine distance, ils font un effet merveilleux. Ses couleurs sont harmonieuses ; sa maniere est suave ; ses figures semblent être de relief, & sortir du tableau. Ses compositions sont expressives ; ses têtes sont frappantes. Il leur donnoit le plus grand air de vérité. Ce Peintre a fait beaucoup de portraits, & ses sujets d'Histoire sont en très-petit nombre. Il affectoit, dans ses ouvrages, de mettre des fonds noirs, parce qu'il n'avoit aucune connoissance de la perspective & de l'antique; aussi le trouve-t-on assez incorrect dans son dessin.

Wauvermans (63) apprit, de son pere, les éléments de la Peinture ; mais il se perfectionna sous Jean Wimans, Artiste distingué. Wauvermans est un des Peintres de Hollande, dont la maniere a été le plus universellement goûtée. Il a, sur-tout, excellé dans le paysage, qu'il ornoit de chasses, de haltes, de campements d'armée & de combats, autant de compositions dans lesquelles il plaçoit des chevaux qu'il dessinoit avec la plus grande supériorité. Ses tableaux sont remarquables par la beauté du travail, par l'élégance, par la correction, par le tour fini & spirituel de ses figures, par la fonte, l'accord & la vivacité de ses couleurs, par l'entente du clair-obscur, par un coloris onctueux, par un fini précieux, qu'il a peut-être poussé trop loin, dans l'idée de se conformer au goût de sa nation. On lui reproche d'avoir donné un peu trop dans le gris, dans ſes derniers ouvrages.

Berghem (64) eut pluſieurs Maîtres, qu'il ſurpaſſa tous. Il avoit une facilité étonnante dans l'exécution, & ſembloit ſe jouer de cet art ſi difficile. Il eſt regardé comme un des plus grands payſagiſtes. Ses ouvrages ſont admirables, par la richeſſe de la compoſition & la variété des idées, par le charme de ſon coloris, par la liberté de ſa touche, par ſes effets piquants de lumiere, par ſon habileté à peindre les ciels, enfin, par l'art & l'eſprit avec leſquels il a deſſiné les animaux. Il eſt le Peintre de cette Ecole qui a le moins eſſuyé de critique de la part de ſes contemporains & de la poſtérité.

Jordans (65) eut pour Maître Adam Van-Oort. Un heureux génie & beaucoup de facilité rendirent ſes progrès très-rapides. Quoique fixé dans ſon pays, il ſaiſiſſoit toutes les occaſions de copier les ouvrages des plus habiles

Peintres de l'Italie. Il s'attacha particuliérement aux tableaux du Carravage, du Titien, de Paul Veronnese & du Bassan. Il joignit à cette étude celle de la nature, & acquit, par-là, & le plus grand talent, & la plus grande réputation. Son pinceau, fort & vigoureux, approchoit de celui de Rubens. Il excelloit dans les grands sujets, sans négliger ceux qui n'étoient qu'agréables ou plaisants. Le clair-obscur est admirable dans ses tableaux. Il égaloit presque la nature dans les paysages. Toute la force de la vérité, toute l'énergie de l'expression étoient répandues dans ses ouvrages; il en résultoit une apparence de mouvement dans ses figures. Il a, néanmoins, quelquefois péché contre la correction. Ses pensées ne sont pas toujours assez élevées, ni ses caracteres assez nobles. Ses tableaux n'en sont pas moins admirables & très-recherchés. On pourroit dire qu'il y a, dans les hommes à talent, des qualités dont le charme supplée à la perfection.

Albert-Dur (66) avoit un génie vaste. Il embrassoit tous les Arts. L'Architecture & la Sculpture lui étoient, dit-on, presqu'aussi familieres que la Peinture. Il possédoit également les Mathématiques. Ses premiers ouvrages de Peinture lui donnerent cette célébrité, qui n'est presque jamais que l'effet du temps. Ils furent recherchés avec empressement par les Souverains, qui les payerent par des honneurs & par des graces plus réelles. Il fut même goûté des Peintres de l'Ecole Romaine ; & ceux-ci tirerent, plus d'une fois, parti de ses talents. On admire en lui une imagination vive & abondante, un génie élevé, une exécution ferme, un fini prodigieux, & la correction la plus exacte. On desireroit qu'il eût fait un meilleur choix des objets que lui offroit la nature ; que ses expressions fussent généralement plus nobles ; son goût de dessin moins roide ; & qu'il eût moins négligé, sur-tout, la dégradation des couleurs. On lui reproche encore, avec raison, d'avoir ignoré le costhume. Vous pourrez juger vous-même de la légitimité de ce reproche, lorsque vous verrez, dans les appartements du Roi, les tapisseries qui ont été faites d'après ses dessins infideles, & que vous aurez examiné plusieurs de ses tableaux au Palais-Royal.

Calvart (67), quoique de l'Ecole Flamande, est mis au rang des plus habiles Peintres de l'Italie, à cause du long séjour qu'il y fit, & d'une Ecole célebre qu'il ouvrit à Bologne. De cette Ecole sont sortis le Guide, l'Albane & le Dominiquain. Il s'attacha beaucoup à l'Architecture, à la Perspective, à l'Anatomie, qu'il enseigna à ses éleves, persuadé que ces connoissances sont nécessaires à l'art de la Peinture. On admire dans tous ses ouvrages, une disposition supérieure des objets qu'il a grouppés, une ordonnance magnifique, des pensées d'une noble simplicité, des figures pleines de vie, un bon ton de couleur, une touche élégante & un dessin correct; qualités qui, réunies, mettent, à mon avis, ce Peintre au-dessus de la plupart de ceux de l'Ecole dont je vous entretiens.

Paul Bril (68) eut pour Maître Daniel Voltemans, qu'il quitta de bonne heure, pour aller en Italie se former sur les ouvrages des grands Maîtres, & où il joignit Matthieu Bril, son frere, occupé à Rome, au Vatican. Il avoit une maniere particuliere; il la réforma à la vue des ouvrages du Titien & d'Annibal Carrache. Les grands talents tiennent lieu des meilleures leçons. Il excella ensuite dans les paysages; il se fit admirer par des sites & des lointains merveilleux, par un pinceau moëlleux, par une touche légere & par une maniere vraie. Ses arbres sont supérieurement rendus.

Gerard-Dou (69) apprit la Peinture de Renbrant, & fit beaucoup de progrès dans son Ecole ; il prit cependant une maniere opposée à la sienne ; mais il lui doit la science de ce beau coloris qui ravit & étonne dans ses tableaux. Gerard-Dou est un des Peintres de l'Ecole Flamande, qui ont montré le plus de patience dans le travail, & le plus de soin pour le fini. Il prenoit des précautions incroyables pour éviter toute espece de distraction, & pour se garantir de la poussiere. Il faut presque le secours de la loupe, pour démêler la manœuvre de son pinceau. Il peignoit tout d'après nature, & mettoit une vérité étonnante dans ses ouvrages ; cette vérité, sur-tout, simple & naïve, dont l'éloge est dans l'impression, plus que dans la louange. Sa touche est excellente, & ses figures ont un mouvement & une expression qu'on ne doit pas attendre d'un pinceau toujours soumis aux loix de la

patience

patience & de la correction. Vainqueur de cette difficulté, il mit beaucoup de force dans son coloris, & elle n'y nuit point à la fraîcheur. La science du clair-obscur fut une partie essentielle de son art.

Breugel (70), qu'on nomme Breugle, s'appliqua d'abord à peindre des fleurs & des fruits. Il fit ensuite des marines & des paysages qu'il ornoit de petites figures ravissantes. Il a aussi peint, en petit, des sujets d'Histoire ; & l'on y voit autant d'esprit dans la touche, que de correction dans le dessin. Les ouvrages de ce Peintre sont d'un fini qui ne laisse rien à desirer.

Je finis par Mieris (71). Il eut pour Maître, Gerard-Dou, qu'il a égalé dans la précision & le fini, & qu'il a surpassé par le goût du dessin & par l'élégance de ses compositions. Il étoit aussi plus correct, & mettoit plus de suavité dans ses couleurs. Ce Peintre excelloit particuliérement dans les étoffes ; &, à l'exemple de Gerard-Dou, se servoit d'un miroir convexe pour rendre les objets. Tous ces petits moyens, que j'ai vu admirer, contribuent à me faire regarder la plupart des Peintres de cette Ecole comme très-inférieurs à ceux d'Italie. Aussi ne vous parlerai-je pas de beaucoup d'autres que la Flandre a vu naître dans son sein : tels que Mignon, Milet, Corneille, Polembourg, Verder-Hulst, Jean Mihel, Jacob Ruisdaal, &c. &c., dont vous pourrez prendre une idée dans ce que de Pyle (*a*) nous a donné dans sa Vie des Peintres, & particuliérement de ceux de cette Ecole, pendant son séjour à la Haye. Vous ferez aussi fort bien de consulter le Poëme que du

---

(*a*) Roger de Pyle, Peintre & homme de Lettres, né à Clamsy, en 1635, & mort à Paris, en 1709. Il nous a laissé beaucoup d'ouvrages sur la Peinture.

Fresnois (*b*) nous a donné sur la Peinture. Il aidera à vos observations, & préparera l'examen que vous devez faire des tableaux de l'Ecole Française, dont je vous entretiendrai incessamment.

LETTRE LXXIII

De la Comtesse de Vaujeu, au Comte de Saleran.

JE suis excessivement touchée de votre complaisance. Voilà de véritables leçons. Vous prouvez que les raisonnements peuvent égaler les démons-

(*b*) Charles-Alphonse du Fresnois, Peintre & Poëte, né à Paris en 1611, & mort, en 1665, à Villiers-le-bel, près de Paris. Du Fresnois étoit sorti de l'École de Vouet; il chercha à imiter le Carrache, pour le dessin; & le Titien, pour le coloris. Nous avons de lui un Poëme Latin sur la Peinture, qui est très-estimé, & que de Pyle a traduit en Français.

trations. Je vous avoue que je ne puis me défendre d'un certain mouvement de vanité en vous lisant ; je suis glorieuse de vous comprendre ; je suis plus glorieuse de vous intéresser. Je me dis, c'est pour moi que tout cela est écrit ; c'est à moi que l'on adresse ces choses si profondes, que l'étude & le temps ont accumulées. Mes amis sont enchantés de vous ; & vous jugez que je le suis d'eux ! L'éloge de ce que l'on aime est ce que l'amitié peut prononcer de plus doux ; & l'appréciation de ses talents est, de toutes les manieres de prouver de l'esprit, la plus sûre & la plus intéressante. Avec quel plaisir je vois venir ces heures qui nous rassemblent ! L'admiration ramene, comme nouveaux, les objets sur lesquels on a raisonné le plus. La reconnoissance me rapporte les amusements de la veille, & me remercie d'avance de ceux du lendemain. Ah ! mon cher Comte, que la galanterie, que la coquetterie, que ces goûts, qui font le mouvement général, font peu comparables au sentiment qui concentre deux personnes dans une situation où tout est pensé ! Combien on perd à ne rien attendre, pour la réflexion, de l'objet à qui l'on a livré son cœur ! L'amour peut-il être une passion, s'il n'intéresse que le caprice ? Je suis toujours avec vous par les ressources que je trouve en vous-même ; & le bonheur de les pouvoir sentir vous rapproche de moi, par les lumieres que j'y puise. Continuez à dégager l'amour de cette dépendance, qui le réduit à ne goûter que les entretiens qui lui sont relatifs : apprenez-lui à parler plusieurs Langues, & à les entendre toutes. Il saura toujours dire : *je vous aime*, comme vous méritez qu'on vous le dise ; & il ne le dira jamais sans mériter d'être entendu...... Adieu, si je ne me trompe, j'aurai bientôt de nouvelles preuves de votre complaisance.

LETTRE LXXIV

De la Marquise de Galeas, au Marquis de Salanci.

JE ne sais pourquoi l'amitié reconnoît si mal la confiance de l'amour? Vous ne répondez point à l'importante lettre que je vous ai écrite? Etes-vous incommodé? Vous me l'auriez appris. Ai-je perdu le bonheur de vous intéresser? Je ne saurois le croire. Quelle est donc la cause de votre silence?... Je dois cependant continuer de vous instruire. Le soupçon est indigne de moi. J'attendois M. de Saleran depuis six jours. Je lui écrivis pour lui rappeller sa promesse. Une courte réponse m'apprit qu'il monteroit à cheval le lendemain, après le diner. Le charme des pensées qui m'avoient occupée dans l'attente de le voir, avoit produit une heureuse métamorphose en moi. Je sentois le retour de mes forces, & je voyois celui de mes foibles attraits. Vous savez que, dans le genre de mal dont je suis affectée, toutes les révolutions viennent du cœur; & qu'elles sont aussi promptes que les mouvements. Les heures devinrent, si je puis le dire, les objets de mon invocation. Le cercle de celles qui devoient s'écouler me parut aussi vaste que l'étendue de l'univers. Je ne dormis point; je pourrois ajouter que je ne pensai guere. A force de solliciter ma montre, elle amena l'instant heureux. J'annonçai que je voulois monter à cheval. Une foule d'avis forma une espece de conjuration; l'amour l'eut bientôt dissipée. On m'amena, en tremblant, l'animal qui alloit me porter; &, sans trembler, je me livrai à lui. Je n'eus pas le mérite d'aller bien loin; je trouvai M. de Saleran à un quart de lieue du Château. Mon attention parut le toucher; il m'en fit même des reproches. Un coup-d'œil lui apprit que je n'étois pas fatiguée. Je paſſe ſur ce que nous nous dîmes pendant la route. Arrivés à la porte du parc, je propoſai de deſcendre & de marcher. Dès que nous fûmes ſeuls, le Comte me dit: beaucoup d'affaires m'ont empêché de vous voir plutôt, je vous prie de me croire, & de m'excuſer.... J'avois eſpéré un bonheur moins différé, répondis-je en baiſſant les yeux; mais je vous vois, je n'ai plus à me plaindre.... On travaille beaucoup chez moi, reprit-il; je bâtis, je plante, je détruis, je perfectionne; j'ai des Ouvriers, des Artiſtes; mes moments ſont fort occupés... Ces occupations ont des charmes pour vous, lui dis-je? Vous vous en promettez une récompenſe qui les change en plaiſirs... Je prétends peu à l'admiration, pourſuivit-il, en feignant de ne me pas entendre; le goût ou la raiſon fut toujours mon unique motif....

Lorſque l'amour s'y joint, l'émulation augmente, continuai-je ; il eſt doux de penſer que toutes les idées ſeront regardées comme des ſoins ; on trouveroit tous les efforts de l'imagination payés par un regard, & l'on s'en promet davantage... Le Comte me regarda avec attendriſſement. Vous penſez à Madame de Vaujeu, me dit-il ; je ne viens pas pour vous parler d'elle, & j'oſerois preſque vous défendre de vous en occuper. Laiſſez tout ce qui tient pour vous à la fatalité, & jouiſſez de la vie nouvelle que vous offre mon amitié.... Votre amitié, lui dis-je, en ſoupirant ? Elle eut des charmes pour moi : l'amour les a détruits. Vous n'aimiez pas alors, & je ne vous aimois pas encore : il me faut le tombeau, ou votre cœur... Je viens pour m'entretenir avec vous, reprit-il ; j'ai prévu que j'aurois de la peine à me faire écouter ; mais vous augmentez ma crainte, & vous riſquez de refroidir mon zele :

écoutez-moi, je vous en conjure. Mes engagements ſont formés, mon cœur eſt à Madame de Vaujeu; lié par ſon amour autant que par le mien, quelle opinion auriez-vous de moi, ſi je changeois? Lorſqu'une bonne excuſe eſt ſans effet, le déſeſpoir eſt ſans excuſe; on eſt même ſans humanité pour l'objet qu'on aſſocie à ſes maux, par le refus des conſolations qu'il offre. Je veux que vous raiſonniez, que vous vous faſſiez des plaiſirs, que vous reſpectiez mes devoirs : à ce prix, je vous reverrai encore, je vous verrai ſouvent; mais je vous abandonne, & vous n'avez plus de droit qu'à ma pitié, ſi je n'obtiens rien de votre raiſon.... Il a été un temps, lui dis-je, où ces conſeils auroient pu adoucir mes maux, & me rendre capable de réflexion; mes fautes ont trop ajouté à mes ſentiments. Familiariſée avec la mort, & pourſuivie par l'amour, je ne puis plus échapper à ma deſtinée. Je vois que je vous afflige, continuai-je? S'il étoit des consolations pour moi, après ce que vous venez de me dire, le bonheur de vous intéresser seroit la plus sensible. Plaignez-moi, & ne m'abandonnez jamais... Non, me dit-il, en cherchant à me cacher son attendrissement, ma menace n'étoit que de l'amitié; je suis incapable de vous fuir; vous aurez mes premiers soins; oubliez vos fautes; ne m'en parlez de la vie; laissons même cet entretien, il me devient impossible de le supporter.

Je me tus. Nous arrivions au Château, je le quittai; il me regarda; mes yeux étoient remplis de larmes. Où allez-vous, me dit-il tendrement? Je vais pleurer, répondis-je; je n'en puis plus.... Je passai, en effet, dans mon appartement; & je puis dire qu'au milieu de l'amertume la plus affreuse, dans cet état qu'on n'éprouve peut-être qu'une fois dans la vie, soulagée un moment par les larmes que je répandois, je trouvai une douceur ſecrete dans le ſouvenir des regards de celui dont les diſcours avoient déchiré mon cœur. Ici, vous allez connoître l'empire de l'amour, les reſſources de la nature, le pouvoir d'une paſſion qui lutte contre la mort. J'étois en habit de cheval; je m'imaginai que ce déguiſement, qui faiſoit diſparoître mon ſexe, bornoit l'effet des impreſſions que ma douleur pouvoit produire ſur le Comte. Je me traînai à ma toilette, je repris mes habits, j'eus recours à l'art, je combinai les effets de mon ajuſtement. Après cet effort, contente de moi, ſatisfaite de ma figure, fortifiée par l'eſpoir, j'allai chercher celui que j'avois l'audace de vouloir ſéduire. Il ne s'offre point à mes yeux: je parcours les appartements, j'entre dans le parc, dans les lieux de promenade, je vais par-tout, avant de le demander à perſonne; j'interroge enfin. O douleur non encore éprouvée! Il étoit parti ; il venoit de monter à cheval. En me l'apprenant, on me remet le billet qui suit : « Je vous fuis, & je ne suis » point barbare. Je vous fuis ; c'est un » devoir de mon cœur, plus qu'une » réflexion de mon esprit. Tant d'a- » mour me pénetre ; je me dérobe à » ma situation : que cet aveu vous » console. Je vous promets de vous » revoir, quand je serai plus en état » de me défendre ».

Je ne dirai point à celui qui connoît mon cœur & mon état, ce que je sentis en lisant ce billet. J'ai écrit, on m'a répondu ; j'ai écrit encore : tout cela n'a demandé que six heures ; on promet de revenir dans trois jours ; on me prie de ne rien imputer qu'au devoir. Je me ferai estimer en le respectant ; mais j'aime, je raisonne peu, je souffre beaucoup ; vous prévoyez la résolution que je puis prendre, si l'on tarde long-temps à venir ? Adieu, mon ami ; mon sexe rougiroit des aveux de mon cœur, si je connoissois moins votre amitié & votre expérience.

LETTRE LXXV

De Sirmon, Valet de chambre du Marquis de Salanci, à la Marquise de Galeas.

MADAME,

AYANT reçu, pour mon Maître, deux lettres marquées de votre cachet, je me crois obligé de vous informer que M. le Marquis est parti la semaine passée, pour aller visiter quelques amis dans leurs terres, un peu éloignées. Suivant les ordres qu'il me donna en partant, je dois garder les lettres qui lui seront adressées ; mais son retour doit être prochain. D'après ce que j'ai l'honneur de mander à Madame, elle ne ſera point ſurpriſe de n'avoir pas reçu de réponſe. J'ai cru lui devoir donner cet avis pour la tranquilliſer.

J'ai l'honneur d'être avec un très-profond reſpect.

Fin du premier Tome.

www.ingramcontent.com/pod-product-compliance
Ingram Content Group UK Ltd.
Pitfield, Milton Keynes, MK11 3LW, UK
UKHW020602230726
13926UKWH00005B/2146

9 782016 150191